아빠 찾아주기

"히 8:9~10"
감기에 걸리지 않으면 감기약이 필요 없다!

감기에 걸리지 않으면 감기약이 필요 없다!　　　　　　　김경찬

아빠 찾아주기

생각나눔

프롤로그

마음속에서 불현듯 끓어오르기 시작한 기쁨이 급기야 목구멍까지 차오를 때가 있습니다. 그럴 때면 스마트폰을 꺼내 메모장을 엽니다. 나도 모르게 알 듯 모를 듯한 단어들을 조합합니다. 마치 뜨거운 용암이 분출하듯 단어와 문장들이 끊임없이 생성되어 나옵니다. 동시에 나의 내면은 말로 형용할 수 없는 환희로 가득 차오릅니다.

'이 모든 현상은 어디서 발원하였나?' 혼자서 생각합니다. '미친 것인가?' 그런 의문이 들 정도로 도무지 알 수 없는 희열이 20년간 계속되었습니다. 감사가 터져 나오며 내면에 차오르는 충만한 이 기쁨을 말로 설명할 길이 없다는 게 안타까울 뿐입니다.

처음에는 벅찬 감격을 혼자 억누를 길이 없어 가족들과 나누었습니다. 가장 먼저는 아내이고, 어머니, 그리고 아들과 딸에게도 전하였습니다. 모두 나의 말에 공감하였고 함께 기쁨에 충만할 수 있었습니다. 정말 행복했습니다. 그런데 그들은 내게 한마디 덧붙이기를 잊지 않았습니다.

"교회에 가서는 행여라도 그런 말씀은 하지 마세요."

내가 말하는 순간 '경계의 대상'이 될 수 있다는 우려이자, 단속이었습니다. 왜 그래야 할까요? 그물에 갇힌 새처럼 답답합니다. 누구나

다 알아야 하는 기쁨입니다. 그런데 장애물을 넘지 못하고 있습니다. 세상에 알리고 싶은데 한 발짝도 나아갈 수가 없습니다.

그 이유가 다름 아닌 교회입니다. 교회가 하나님께로 회귀하는 세상 사람들의 발목에 덫을 씌우고 있음을 새삼 깨닫게 되었습니다. 하나님이 세우신 교회가 아닌지요. 그런데 하나님께로 향한 길목을 가로막는 장애물이라니!

주일이면 잘 다려진 흰 와이셔츠에 전날 미리 골라놓은 넥타이를 맵니다. 말끔하게 손질한 양복을 차려입고 오른손에는 성경책을 들고 교회로 향합니다. 예배를 드리기 전에 먼저 기도와 준비 찬송을 합니다.

본격적으로 예배가 시작되면 경건한 마음으로 목사님의 설교를 듣습니다. 설교가 끝나고 예배가 막바지에 이르러 목사님의 축도를 끝으로 예배를 마칩니다. 예배는 빼놓을 수 없는 나의 신앙생활입니다.

그런데 어느 날 목사님의 설교가 다르게 다가왔습니다. 그래서 목사님에게 "설교하신 성경 말씀이 틀렸습니다."라고 말하였습니다. 그러자 "성경은 헬라어와 히브리어로 기록된 것인데, 영어로 번역된 것을 다시 우리말로 번역한 것이므로 풀어서 설명해주지 않으면 성도들은 이

해하지 못합니다. 성경을 문자 그대로 해석하기 때문이지요. 내 설교
는 틀리지 않았습니다."라는 답변이 돌아왔습니다.

그런데 왜 설교를 듣고도 변화되는 사람이 없을까요? 그러면서 교회
가 세상을 변화시킬 거라고 기대하는 걸까요? 하나님을 믿는다면 변
화되어야 마땅합니다. 그런데 도대체 무엇을 가르치길래 교회에서조차
변화되지 않는데 어디서 변화되길 기대할 수 있나요? 그래서 '틀렸다'
라는 것입니다.

성경은 하나님이 각 사람에게 보낸 '일대일 연애편지'입니다. 그래서
기본적으로 신앙은 절대자와 나의 독대에서 출발해야 맞습니다. 그러
하기에 구원받은 사람만이 구원받는 방법을 아는 게 당연합니다. 그
러니 누가 설명해 주거나 가르쳐준다고 해서 구원받을 수 있는 게 아
니라는 것이죠. 구원은 내가 직접 성령 체험을 통해 깨달아지는 놀라
운 은혜입니다.

교회는 마땅히 각 사람이 구원의 영적 체험을 경험할 수 있도록 독
려하는 곳이어야 합니다. 그러나 어떻습니까, 오늘날의 교회는 과연
그 역할을 잘 감당하고 있다고 말할 수 있을까요?

하나님은 오직 바라는바 '거룩'을 성도들에게 요구하셨습니다. 거룩하기만 하면 모든 먹을 것과 입을 것을 공급하시며 인도해주실 것을 약속하셨으나 삶의 오욕과 탐심이 넘쳐난 모습을 봅니다.

한국교회가 살길은 거룩한 교회가 되는 것이지만 점점 더 세속화되고 있습니다. 목회자부터 시작해서 성도들의 가치관이 더럽혀지고, 윤리의식이 땅바닥에 떨어지고, 양심이 화인 맞은 자처럼 되어가는 모양새가 아닌지요. 성도 각 사람이 믿지 않는 사람에게 감동을 주려면 말이 아닌 거룩한 삶을 구현해 보이는 것뿐입니다. 성도로서 구별된 삶을 살아가는 모습이 곧 전도하는 삶이 아닌지요.

예수를 만나기 전에는 수많은 세상 고민을 안고 살던 삶이었습니다. 한때 도박에 빠져 절망적인 삶을 살았던 적도 있습니다. 아무것도 아니고 아무것도 할 줄 모르는 무가치한 존재임을 확인하는 날들이었습니다. 그러다가 전율처럼 구원의 확신이 흘러들었습니다. 그 순간부터 세상의 고민이 은혜로 바뀌는 놀라운 체험을 매일 경험하게 되었습니다.

구원은 인간의 힘이나 노력이 아닌 전적인 하나님의 선물입니다. 예수를 구주로 영접하기만 하면 거저 받는 것이지요. 구원의 확신은 볼 수도, 보여 줄 수도 없지만 내가 받은 구원의 기쁨을 나누고 싶은 욕구가 곧 그 징표입니다. 내가 지금 이 책을 쓰는 이유이기도 합니다.

지금 내 안에 충만한 이 기쁨을 누군가에게 쏟아내고 싶어 견딜 수가 없습니다. 간절하게 희구하게 되는 영적 희열을 나누고 싶어 안달이 나서 배길 수가 없습니다. 직접 경험하지 않고는 느낄 수 없는 이 놀라운 감격, 머리로 이해한다고 해도 몸으로 체득이 안 되는 그런 느낌이랄까요. 이 구원의 감격을 어떻게 전해야 할지가 화두입니다.

미약하나마 내 안에 끓던 화두를 던지고자 합니다. 다만, 밝혀둘 것은 이 글을 읽는 독자 중에는 다양한 생각 혹은 견해가 있을 수 있습니다. 그러나 결론적으로 말씀드리려는 것은 기독교의 본질이 예수께서 십자가를 통해 가르쳐주신 새 계명, 곧 죄 없는 내가 이웃의 죄를 위하여 스스로 죽음에 내던지는 '십자가의 이웃사랑'임을 환기하려는 의도라는 것을 알아주시기 바랍니다. 그리스도인이 성경에서 배워야 하는 신학은 오로지 예수께서 모범으로 보여주신 십자가의 이웃사랑이 그 시작이며 마지막이니까요.

그러하기에 우리는 십자가의 이웃사랑을 가정생활, 직장생활, 사회

생활 속에서 매일같이 재발명하면서 삶의 바퀴를 굴려야 합니다. 다양한 실천신학 이론과 해석이 생겨났지만, 이 또한 삶의 바퀴로 설명하는 것이어야만 합니다. 이것이 각자가 아버지께로 돌아가는 그 날까지 결심한 바가 아니면 결코 '믿는 자'라고 할 수 없을 것입니다.

눈부신 생의 한가운데서 김경찬 쓰다.

목차

서(序)

　　　　　믿음은 한 알의 밀알이 땅에 떨어져 죽음으로 많은 열매를 거둠과 같이 진리의 열매를 위하여 스스로 죽어지는 것이라고 하였습니다.

　우리는 열매로 세상에 왔습니다. 복음의 열매를 맺음과 같이 믿는 이들에겐 소명이 있습니다. 자기를 부인하고 자기 십자가를 지고 가는 것입니다. 정말 놀라운 이야기가 아닐 수 없습니다.

　'자기를 부인한다.'라는 것은 '죽음'을 의미합니다. 자신을 부정하고 잊어버리라는 뜻이죠. 지금까지 내가 삶의 중심이었다면 예수 중심으로 옮기는 것입니다. 이 소명을 알아차리고 눈으로는 볼 수 없으나 영원히 살아 있는 진리와 목숨을 맞바꾼 이들이 있습니다. 우리는 이들을 '믿음의 사람'이라고 부릅니다.

　천만에 이르는 기독교인들이 주일이면 교회로 몰려듭니다. 교회에 가서는 "할렐루야.", "아멘."을 외치며 "믿습니다."를 부르짖습니다.

　하지만 세상은 죄악이 만연합니다. 교회를 다니면서도 여러 가지 중독에 빠진 사람은 또 얼마나 많은가요. 술과 담배, 게임, 도박 등등. 이들은 그저 교회만 다니고 있을 뿐 기쁨이 없고 평안도 없습니다.

　내 죄를 위하여 죄 없으신 하나님의 아들이 십자가에서 피 흘려 죽었습니다. 그리고 사흘 만에 죽은 자 가운데서 다시 살아나 죽을 수밖에 없는 죄인을 구원하셨습니다. 성경에 쓰여 있는 대로 알고는 있습니다.

그런데 진정 믿어지십니까? 믿고 계십니까?

믿는다면 하나님의 구원받은 자녀로 기쁘게 살아갈 것입니다. 그것을 깨우치시기 위해 주님은 이 땅에 오셨습니다. 그러므로 우리가 그 뜻을 깨달아 알고 기쁨으로 삶을 충만하게 누리길 원하십니다.

그러함에도 우리의 신앙생활 모습은 그렇지 못한 것 같습니다.

"믿음은 들음에서 나며 들음은 그리스도의 말씀으로 말미암았느니라"(롬 10:17~18)

이 말씀대로라면 성도들은 교회에서 설교를 듣고 믿음이 생겨야 합니다. 그리고 믿음이 생겼다면 기쁨에 벅찬 감격을 서로 나눌 것입니다. 당연합니다. 그것이 믿음의 증표라고 했으니까요.

그런데 아무리 둘러보아도 믿음을 나누는 사람이 없습니다. 뭘 나눠야 하는지조차 모릅니다. 말씀을 들었으면 서로 나누고 전해야 믿음이 생긴 것인데, 그렇지 않은 것 같습니다.

"내 안에 믿음이 생겼어야 나눌 게 아니겠습니까?"

그렇습니다. 듣고 나서 다 잊어버렸기 때문입니다. 그래서 나눌 게 없습니다. 이것이 하나님을 믿는다고 하는 이들의 실상입니다.

교회는 '하나님이 살아 계시다.'라고 가르칩니다. 그러나 다수의 교인이 나와 상관없는 얘기처럼 듣고는 잊어버립니다. 심지어 듣고 잊어버리라고 가르치는 것 같습니다.

교회에 다니는 사람은 많으나 진심으로 하나님을 믿는 이가 얼마나 될지 궁금합니다.

서(序)

교회를 향해 소리 없는 목소리가 이렇게 묻고 있는 것 같습니다.

"그리스도인은 남들이 가르쳐 준 대로만 하나님을 알고 있는가? 아니면 형언할 수 없는 두려움 속에서 영원하신 하나님을 직접 만났는가?"

하나님은 예수 그리스도의 보혈을 통해 누구나 하나님 앞에 나아오도록 하셨습니다. 각 사람이 자유롭게 하나님 앞으로 나와 예배할 수 있도록 말이죠. 그것이 '만인 제사장'입니다.

그러나 어떻습니까? 교회는 아직도 주의 종이라는 이름으로 목회자들이 자기의 의를 세우는 데 열심입니다. 하나님께 영광 돌리는 자리가 되어야 함에도 말입니다. 이것이 오늘날 하나님과 만인이 만나는 통로를 가로막는 장애물이 되었습니다. 이것이 진정한 예배를 소멸시켰습니다. 이러한 상황에서 그리스도께서 다시 지상에 오셨을 때 또다시 십자가에 못 박지 않을 것이라고 누가 장담할 수 있을까요? 그러니 정작 못 박아야 마땅할 것은 교회가 아닐는지요?

오늘날 '기독교'라는 이름 아래 열심을 보이는 사람들의 종교 생활은 형식적이며, 겉으로 보이는 것에 치중되어 있습니다. 한없는 자기 만족에서 기쁨과 위안을 찾기에, 영이신 하나님과는 배치되고 있으며, 그분의 기쁨과는 아무런 관계가 없는 것입니다.

성경적 기독교는 종교가 아닙니다. 생명의 근원이며 시작과 끝이요, 영원한 삶을 증거 하신 예수 그리스도를 깊게 알고 순종으로 명령을 지키며 사는 삶 그 자체입니다.

"마지막으로 말하노니 형제들아 기뻐하라 온전하게 되며 위로를 받으며 마음을 같이하며 평안할지어다 또 사랑과 평강의 하나님이 너희와 함께 계시리라 거룩하게 입맞춤으로 서로 문안하라"(고후 13:11)

목회자나 예배당이 교회가 될 수 없습니다. 예수 그리스도를 믿고 구원받은 성도들 한 사람 한 사람이 교회이고 성전입니다. 그러므로 참 진리이신 예수 그리스도가 바로 교회의 머리이며, 성도 한 사람 한 사람이 예수 그리스도의 몸이고, 지체입니다.

성도로서 우리는 날마다 내 안에 계신 하나님의 이야기들을 펴 올려서 내 삶에 관여하시는 하나님의 은혜로 채워나가야 합니다. 그러기 위해서는 서로 하나님의 말씀을 나눌 수 있어야 합니다. 이것이 내 이웃을 문안하는 것이며, 사랑하는 길입니다. 성도가 서로 하나님의 은혜를 나눌 때 우리의 삶이 은혜로 흘러넘치게 되는 것입니다.

[찬송가 412장. 내 영혼의 그윽히 깊은 데서]
내 영혼의 그윽히 깊은 데서 맑은 가락이 울려나네 / 하늘 곡조가 언제나 흘러나와 내 영혼을 고아 싸네 / 평화, 평화로다 / 하늘 위에서 내려오네 / 그 사랑의 물결이 영원토록 내 영혼을 덮으소서

"말은 할수록 는다."라는 속담도 있습니다. 내 안에 있는 하나님의 이야기들을 퍼 올리면 퍼 올릴수록 새로운 이야기가 생겨나는 법입니다. 샘물이 고이듯이 말이죠. 자기 삶에 들어오신 하나님을 이야기하면서 서로를 키워주는 것, 바로 은혜가 충만한 믿음 생활입니다.

날마다 은혜가 쌓여서 이야기 속의 나와 내 이웃들의 삶이 어우러지고, 각자는 하나님의 임재를 확인할 수 있게 됩니다. 저마다 새로운 이야기로 삶을 길어 올릴 때 성도들은 나눔의 삶을 살게 되고 이것이 인류의 역사가 되며, 하나님의 역사로 기록될 때 하나님의 나라가 완성되는 것입니다.

배가 고픈 사람이 밥을 먹어야 배가 부릅니다. 당연한 이야기입니

다. 하나님이 궁금해야 성경을 읽을 것입니다. 그랬을 때 하나님을 만나게 됩니다. 그렇게 만난 성령으로 영의 눈이 밝아지게 됩니다. 그것이 은혜입니다.

누군가 대신 먹어준다고 배를 채울 수 있을까요? 하물며 사람을 변화시키는 일입니다. 어찌 하나님의 일을 사람이 대신할 수 있겠습니까?

그러함에도 세상은 하나님을 바꾸려 합니다. 예수가 복음인데, 예수 따로 복음 따로 가는 세상입니다. 예수 없는 십자가만 군림하는 시대가 되었습니다.

우리가 아는바, 인간이 먼저 하나님을 찾은 것이 아닙니다. 하나님이 먼저 인간에게 손을 내미셨습니다. 인간이 하나님을 알고자 하지 않았고 하나님이 인간에게 나타내신 바 되었습니다.

속된 표현일지 모르나 무당도 '신 내림을 받았다.'라고 하지, 내가 '신을 찾아갔다.'라고 말하지 않습니다. 하나같이 본인의 의사와는 상관없이 자신에게 '신이 내렸다.'라고 합니다.

내가 하나님을 알기 전에 하나님은 이미 나를 알고 계셨습니다. 내 삶의 역사가 나의 신앙고백이 되어야 하는 이유입니다. 내 삶을 기록하는 정직한 사관으로서 내가 만난 하나님을 증거 하는 것이 '믿는 자'입니다.

지금도 목회자들은 강대상에 서서 "하나님의 말씀만 전하겠습니다."라고 성도들에게 맹세합니다. 우매하기 짝이 없는 약속입니다. 하나님 말씀을 대변하는 게 목회자의 역할인 줄 착각하고 있습니다. 이런 착각이 성령의 하실 일까지 목회자가 가로채고 있는 형국이 되고 말았습니다.

믿음이란 내가 주체가 되어서 상한 마음이 치유되고 기쁨과 희망을 회복하는 것입니다. 하지만 오늘날 신앙생활의 주체는 목회자요, 교회가 되었습니다. 이대로는 하나님이 주시는 영적 기쁨과 충만한 복을 누릴 수 없는 삶만이 반복될 뿐입니다.

하나님은 우리를 의도적이고 목적 지향적인 콘셉트로 지으시지 않았습니다. 마음껏 에너지를 발산하며 살도록 '자율성'을 부여하셨습니다. 인간이 누려야 할 본연의 축복은 주께서 예비하신 창조의 풍요를 누리는 것입니다.

인간은 미리 프로그램을 짜 넣은 로봇도 아니며, 동전을 넣으면 음료수가 나오는 자판기도 아닙니다. 그런데 교회는 목적에 부합되게 신앙생활을 구속하고 억압하고 있습니다. 분 단위로 틀을 만들어 하나님의 임재와 영광을 담아내려 합니다. 대중문화를 흉내 내고 세속의 흐름을 따라가는 것으로 사람의 마음을 얻으려 합니다.

우리는 붕어빵처럼 기계에서 찍어낸 피조물이 아닙니다. 하나님의 고유한 창조물이자 인격체로 세상에 온 하나님의 거룩한 신부요, 언약 백성입니다. 이것이 우리 본연의 정체성입니다.

교회는 미래 세대들이 맘껏 나와서 자신의 거룩함을 자랑하고 하나님을 높이는 장(場)이 되어야 합니다. 누구나 강대상에 서서 자신의 죄를 고백하고, 또한 복음의 기쁜 소식을 전하는 축제의 공간이 되어야 합니다. 그것이 하나님이 창조하신 우리의 정체성을 찾고 하나님의 뜻에 따라 순종하는 삶으로 나아가는 길입니다.

[찬송가 93장. 예수는 나의 힘이요]
예수는 나의 힘이요 내 생명 되시니 / 구주 예수 떠나 살면 죄 중에 빠지리 / 눈물이 앞을 가리고 내 맘에 근심 쌓일 때 위로하고 힘 주실 이 주 예수 / 예수는 나의 힘이요 내 친구 되시니 / 그 은혜를 간구하면 풍성히 받으리 / 햇빛과 비를 주시니 추수할 곡식 많도다 / 귀한 열매 주시는 이 주 예수

서(序)

올챙이

그렇다면 나의 정체성은 무엇일까요? 내가 누구인지 궁금합니다. 하나님을 알기 위해서는 나를 아는 게 중요합니다. 인간은 스스로 있는 존재가 아니기 때문입니다. 하나님에 의해 지음을 받은 피조물 중에서 특별한 하나님의 관심과 사랑을 받는 존재이므로 나 자신이 어떤 존재인지를 바로 알아야 하나님을 바르게 섬길 수 있습니다.

우선은 생물학적 차원의 '나'를 들여다보겠습니다.

나는 세포로 이루어져 있습니다. 나를 이루고 있는 수족의 세포 수는 은하계 별보다 10배나 많다고 합니다. 살아 있는 세포 하나에 최소 5만 개의 단백질로 구성되어 있다고 하니, 정말 놀랍습니다.

세포는 의식도, 의지도, 목적도 없이 존재합니다. 그러나 서로 구별되는 개별적인 존재입니다. 이 세포들은 함께 거대한 구조를 이루며 음식을 준비하고, 자원을 모으고, 물질을 이동시키고, 환경을 탐색하는 등의 기능을 수행합니다.

우리 몸에서 세포를 떼어내 적절한 환경에 두면 얼마 동안 살아 있다고 합니다. 그러니 나를 떠나서도 세포는 살아 있다는 이야기입니다. 그런데 아이러니하게도 나는 세포 없이는 존재할 수 없습니다. 모든 세포를 제거한다면 더 이상 나는 존재하지 않을 테니까요.

그러면 세포 덩어리가 내가 아니게 되는 순간이 있을까요?

예를 들어, 장기를 기증하면 뇌세포 수십 개가 다른 사람 안에서 살게 되는데, 그게 나일까요? 아니면 나의 일부가 다른 사람이 된 걸까요? 그것도 아니라면 다른 사람이 내 일부를 살게 되는 걸까요?

나와 어떤 사람이 세포를 교환한다면 한 번에 한 개씩 그 사람의 몸으로 대체할 수 있는 걸까요? 그럴 경우, 상대방이 내가 되는 순간은 언제가 될까요? 결국엔 그렇게 될 수 있을까요? 아니면 소름 끼치는 순간이동뿐인 걸까요?

살아 있는 동안 우리 몸을 이루는 거의 모든 세포는 죽기까지 5억 2천만 개에 이른다고 합니다. 1초에 1백만 개에서 3백만 개 정도가 죽는데, 7년 정도면 적어도 세포가 한 번은 교체된다는 얘기가 됩니다.

그렇게 몸의 세포 구성이 바뀌면 나도 약간 변화된 것일까요? 따라서 나의 일부분이 계속 죽고 있는 것일까요?

운이 좋아서 노인이 될 때까지 수명을 유지한다면 1천조 개나 되는 세포가 교체되는 셈입니다. 이는 결국 세포로 이루어진 우리의 육체는 존재하지 않고, '나라고 의식하는 나'만 존재하는 것이라는 결론에 이르게 됩니다. 산다는 것은 결국 '의식'뿐이라는 것이죠.

조금 더 깊이 들어가 보겠습니다.

우리는 모두 토실토실하고 부드러운 피부를 지닌 50cm 정도의 핏덩어리로 세상에 왔습니다. 그러다 점점 허리를 꼿꼿이 세우고 당당히 걸었으며, 푸른 젊음을 지날 때는 무엇이든 할 수 있었고, 열정을 불태우는 자신에 대해 대견해 하기도 합니다.

살아가면서 우리들의 모습은 많은 변화를 겪습니다. 피부는 탄력을 잃고 검버섯에 흰머리, 굽은 어깨는 자신감을 상실한 160cm 내외의 생명체로 대부분 끝을 맺는 삶입니다.

우리의 몸속 세포들은 과도기에 끊임없이 교체됩니다. 그리고 갖가지의 경험을 하게 됩니다. 아마 모두를 기억할 수는 없습니다. 스물다섯이 되어 다섯 살 때 강하게 느꼈던 것의 대부분을 기억하지 못하고, 예순 살에는 서른 살이 되었을 즈음 어떤 생각을 가졌는지 회상해내지 못하는 건 당연해집니다.

그러함에도 똑같은 이름으로 살아가는 우리는 자신을 변하지 않고 단일적이라고 여기는 경향이 있습니다.

정말로 우리 자신을 똑같은 사람이라고 생각하는 게 맞는 걸까요?

철학의 현미경에 올려놓고 바라보면, 이 '정체성'에 대한 화두는 우리가 항상 동일한 사람이라는 최초의 가정에 심층적인 해석이 가능해집니다. 흘러가는 시간 속에서 유동적인 우리지만 한 생애를 살면서 같은 사람이라고 믿게끔 만드는 요소가 그것입니다.

그러면 나는 누구이고, 나의 정체성은 어디서 찾을 수 있을까요?

나를 가장 쉽게 보여줄 수 있는 것은 우선 나의 겉모습입니다. 나를 알아볼 수 있다는 것은 바로 육체를 가졌다는 말과 같으니까요.

한번 가정해보겠습니다. 어느 날 자기 머리가 다 빠진 모습을 아무도 알아보지 못한다면 그래도 나일까요? 물론입니다.

만약 다리 한쪽을 잃은 불구의 몸이 된다면요? 당연합니다. 여전히 나일 것입니다.

그렇다면 만약에 부득이한 상황에서 몸의 모든 부위를 잃고 하나만 가질 수 있다면 무엇을 선택하게 될까요?

사람들은 제각기 다른 부위를 말할 수도 있겠으나 대부분은 뇌를 선택할 것입니다.

이것은 아주 흥미로운 사실 하나를 말해줍니다. 우리는 암묵적으로 어떤 부위가 좀 더 본인에 가깝다고 가정한다는 것입니다. 즉, 우리의 정체성에 가깝다고 여기는 것은 바로 '뇌'입니다.

기독교적 관점에서 진행한 하나의 사고 실험(思考實驗) 사례를 인용해보겠습니다.

우리가 죽고 난 뒤에 무슨 일이 일어날지에 대해 질문했습니다. 그러자 많은 사람이 사후세계를 가정하고 신체와의 분리를 상상하게 되었다고 합니다. 그렇게 대단한 건 아니고 평범하지만 조금 더 소중한 것, 바로 '영혼'이 계속 살아간다고 생각하는 것이죠.

이것에 대해 또 다른 사고 실험을 두 명의 연인으로 진행한 사례도 있습니다.

연애 초반에 그들은 같이 자면서 이렇게 물어볼 수 있습니다.

"내가 어디가 그렇게 좋아?"

아마도 둘 중 누군가 '너의 끝내주는 가슴'이나 '너의 근육질 팔'이라고 했다면 잘못된 대답일 것입니다. 가슴이든, 가슴팍이든 기대할 만한 대답이 되기에는 충분히 '본인스럽지' 않다고 느껴지기 때문이죠.

그러니까 우리는 진실한 자신과 좀 더 가까운 것들에 애정을 느끼고 싶어 하는 것처럼 보입니다. 그건 아마 우리의 '영혼' 혹은 '뇌'일 수 있을 것입니다.

다시 한번 사고 실험을 연장한 사례를 보겠습니다.

뇌의 어떤 부분이 우리의 정체성과 가장 밀접한 관련이 있을까요? 만약 머리를 다쳐서 신발을 똑바로 신을 수 없다면, 여전히 나 자신일까요?

올챙이

사람들은 대부분 "네, 물론이죠."라고 말할 것입니다. 만약 어휘를 잊어버려 말을 어눌하게 한다거나 곧잘 하던 요리를 하지 못해도 대부분 "그럼요."라고 말해줄 것입니다. 이것은 기술적인 능력은 정체성과는 거리가 멀다는 이야기일 것입니다.

그렇다면 기억은 어떤가요?

나를 '나이게 하는 것'의 핵심은 '축적된 기억들'이라고 생각하는 부분입니다.

전 어렸을 때 아픈 배를 쓰다듬던 어머니의 손길을 기억합니다. 그리고 봄 소풍을 가서 좋아하던 아이에게 엉뚱한 고백을 하던 날 유난히 햇빛 아래 떨리던 플라타너스 이파리를 잊지 않았습니다.

이처럼 어떤 상황에 대한 나의 반응, 무엇이 재밌고, 현명하고, 흥미롭고, 중요한지 등에 대한 나다운 감정들과 행동들이 축적된 나의 기억들은 내가 사라진 이후에도 계속해서 누군가에게는 '나'로 기억될 것입니다.

지금까지 과학이나 철학적인 측면에서의 '나'는 '인생 이야기'를 빼놓고는 설명할 수 없다는 것을 알았습니다. 그것이 자신이며 자기 정체성인 까닭이죠.

누구나 내면에 자기만의 인생 이야기를 간직하고 있습니다. 누군가 궁금할 때도 그 사람의 이야기를 듣고 싶어 합니다.

이렇게 우리는 자신의 이야기를 서로 털어놓고 나누며 자기 정체성을 알아차립니다. 생각 속의 이야기들을 말로 하면서 확신하게 되는 과정들입니다. 그러는 동안에 이야기 속에서 자신의 정체성을 확립해 나갈 때 우리 내면과 마주합니다.

그 내면에 깃든 자신만의 이야기를 들여다보면 드라마같이 연속성을 지니고 있다는 것을 알아차리게 됩니다. 이 한 편의 영화나 드라마

같은 인생이 바로 자아이며, 정체성입니다.

자아정체성(ego identity, 自我正體性)은 자신만의 독특한 행동이나 사고의 변화에도 불구하고 '내가 누구인가'를 일관되게 인식하는 것을 말하죠. 다만, 사회적 동물인 인간이 구성원으로 살아오는 동안에 타인에게 영향을 주기도 하고 받기도 합니다. 타인과 비교하고 비교되면서 숨 가쁜 시간을 지나왔습니다.

돌아보면 암묵적인 압박들이 마침내 성취감을 안겨주었든, 실패를 경험했든 간에 끊임없는 경쟁 속에서 삶을 피폐하게 만듭니다. 더 가질 것 없이 많은 것을 소유한 사람들도 마치 드라마의 주인공처럼 자기 자신이 누구인지 모르고 무너지기도 하였습니다. 자기 자신이라고 생각했던 것들이 하루아침에 무너져 내리고 자신의 정체성이 동시에 무너져 혼란을 겪기도 합니다.

직업이 무엇이고 부를 얼마나 축적했는지, 명예나 권력은 한낱 타인이 씌워준 꽃목걸이에 불과한 건지도 모릅니다. 정체성을 잃은 채 욕망에 사로잡혀 사는 삶은 타인의 요구로 채워진 삶이 되어버리고 말았습니다.

중요한 것은 알아차리려는 태도입니다. 알아차린다는 것은 바로 '감각하는 것' 혹은 '의식하는 것'입니다. '지금 나는 어디로 가고 있는가?', '어디로 가야 하는가?', '어디까지 왔는가?' 하는 등의 자문을 통해 스스로 돌아다보는 것이죠.

그렇게 함으로써 내가 언제 기쁘고, 어떤 음식을 좋아하며, 나의 곁에 사랑하는 이들은 누구고, 내가 지켜야 하는 사랑과 사람은 누구인지, 어디로 떠나고 싶고, 무엇을 하고 싶은지, 오늘과 내일 어떤 일이 일어나기를 바라고, 삶의 마지막 순간에 어떤 '나'이길 원하는지 짚어 볼 수가 있습니다.

올챙이

그랬을 때 나만의 감성으로 나만의 색채를 그려낼 수가 있을 것입니다. 그것이 적어도 '내가 누군지 모르겠다.'라고 울부짖으며 삶의 종착점에 서는 일은 피할 수 있을 테니까요.

지금은 자기 정체성을 잊어버린 채 하루하루를 살아가지만, 어느 날 문득 지나온 삶을 되돌아보며 생각에 빠질 때가 옵니다. 스스로가 영적으로 까막눈이라는 사실을 깨닫는 순간 말입니다.

의식하지 못할 뿐이지, 누구나 영적으로는 까막눈입니다. 개구리가 아닌 올챙입니다. 그러다 하나님을 알게 되고 영적인 눈을 뜨면 몸에서 다리가 나오고 올챙이 적 모습과 전혀 다른 개구리로 변한 자신을 발견합니다. 새로운 피조물이 되는 순간입니다.

올챙이 믿음으로 교회를 다니는 성도들도 내 안에 계신 하나님을 알아차리고 하나님 말씀에 순종하는 삶을 살 때 변화됩니다. 올챙이가 개구리로 거듭나는 '믿음의 사람'으로.

[찬송가 415장. 십자가 그늘 아래]
십자가 그늘 아래 나 쉬기 원하네 / 저 햇볕 심히 뜨겁고 또 짐이 무거워 이 광야 같은 세상에 늘 방황할 때에 주 십자가의 그늘에 내 쉴 곳 찾았네

지금 우리에게 필요한 건 '그리 대단할 건 없으나 이게 내 모습이다.'라는 깨달음입니다. 이 알아차림은 '하나님의 존재'를 알 때 주어집니다. 내 안에 계신 하나님의 존재를 알 때가 바로 나의 정체성을 깨닫는 순간입니다. 그 순간부터 나의 가치가 달라집니다.

하나님은 말씀합니다.

"내가 거룩하니 너희도 거룩하라"(레 11:44)

독일 철학자 니체(Friedrich Wilhelm Nietzsche)는 신(神)을 부정함으로써 인간의 존재 가치를 찾으려 하였습니다. '신의 속박에서 벗어나야 인간 스스로 자유함을 얻게 되고 삶을 만끽할 수 있다.'라는 주장을 펼쳤죠.

그러나 아이러니하게도 신은 철저한 '인본주의'에 바탕을 두고 있다는 사실을 그는 몰랐던 게 확실합니다. 신이 존재해야 인간의 가치를 논할 수 있기 때문이죠. 신이 없다면 근본이 없는 인간이니까요. 물론, 그의 주장에는 '유한한 삶에 파고드는 허무주의를 탈피하여 현실에 충실하라.'라는 의도가 깔려 있다는 것을 간파하지 못하고 하는 이야기는 아닙니다.

그렇다고 해도 본질은 달라지지 않습니다. 근본이 없는 것은 근본 없는 것을 만들고 근본이 있는 것은 근본 있는 것을 만들기 마련이죠. 사람이 무너지는 것은 태산이 아니라 작은 돌멩이입니다. 작은 돌부리에 걸려 넘어져도 목숨을 잃을 수 있습니다.

심봉 없이 맷돌을 돌릴 수 있을까요? 심봉 없이 천체는 돌아가지 않습니다. 핵 없이 에너지가 없고 에너지 없이 우리가 활동할 수 없는 이치와 같습니다. 물질을 만들어 낼 수도 없습니다. 우리는 천체물리학이면서 또는 과학이면서 공학이면서 지리학이면서 천문학이면서 의학입니다.

믿지 않는 사람들도 마찬가지입니다. 누구든지 자신이 이 땅에 온 이상 이곳을 떠날 때는 회한이 남게 마련입니다. 최대한 자신이 한 일들을 돌아보며 본래의 흐름대로 돌려놓고 싶을 때가 옵니다. 마침내 지상을 떠나게 되었을 때 자기 자신 안의 '신'을 발견하고 자신이 전체에서 일부라는 사실을 인식하지 않을 수 없을 테니까요.

더구나 지금의 신앙생활만으로 다 열매를 맺을 수 있다고 착각해선 안 됩니다. 열매는 가지에서 나오지만, 뿌리 없이 열매 맺을 수 없습니다. 나무가 아무리 좋아도 열매를 영글게 하는 것은 튼실한 뿌리입니다.

믿음의 뿌리는 예수 그리스도입니다. 십자가의 죽음이 그 사랑을 증명해 보이지 않았던가요? 한 알의 밀알이 땅에 떨어진 것 같이 말이지요. 그 사랑의 실체 없이 인간의 존재 가치를 어떻게 설명할 수 있을까요?

"우리가 아직 죄인 되었을 때에 그리스도께서 우리를 위하여 죽으심으로 하나님께서 우리에게 대한 자기의 사랑을 확증하셨느니라"(롬 5:8)

그런데 대체 내가 어떤 존재이길래, 신이 날 위해 목숨까지 내놓았다는 것일까요?

"하나님이 세상을 이처럼 사랑하사 독생자를 주셨으니 이는 저를 믿는 자마다 멸망치 않고 영생을 얻게 하려 하심이니라"(요 3:16)

그래도 모른다고 합니다. 아무리 성경을 읽어봐도 이해할 수 없다고 합니다. 심지어 오랫동안 교회를 다니고 있는 성도들조차 이런 푸념을 합니다.

"성경 말씀을 들어도 그때뿐이고, 교회 문을 나서면 바로 잊어버립니다. 목사님 설교를 들을 때는 깨닫는 것 같다가도 뒤돌아서면 잊은 채 살아갑니다. 교회에 가서 말씀 듣고 잊어버리는 일상이 반복될 뿐이죠."

얘기를 듣던 목사님이 안타까워하면서 "설명해드릴 테니 잘 들어보십시오." 하면서 다시 설교를 시작합니다.

정말 안타까운 것은 성경을 누가 설명해준다고 해서 깨닫는 게 아니라는 것입니다. 더구나 성경은 누군가의 설명이 필요한 것도, 어려운 것도 아닙니다. 이해해야 하는 것도 아니지요. 누구든지 찾으면 알게 되고 깨달아지는 것이 성경입니다. 이건 비밀이 아닙니다. 진정 믿는 이들의 체험입니다.

[예수님이 말씀하시니]
예수님이 말씀하시니 물이 변하여 포도주 됐네 / 예수님이 말씀하시니 물이 변하여 포도주 됐네 / 예수님 예수님 나에게도 말씀하셔서 새롭게 새롭게 변화시켜 주소서

"구하라 그러면 너희에게 주실 것이요 찾으라 그러면 찾을 것이요 문을 두드리라, 그러면 너희에게 열릴 것이니"(눅 11:9)

성경은 내가 직접 찾아 읽어야 말씀이 받아들여져서 마음판에 새겨집니다. 목회자가 가르쳐줘야 알게 되는 지식이 필요한 학문이 아닙니다. 가르치는 주체는 유일하신 하나님 한 분뿐입니다. 그러니 목회자는 결코 전달자가 될 수 없습니다.

하나님은 각 사람에게 직접 말씀하시길 원하십니다. 하나님을 무겁게 여기며 하나님 자체를 누리는 예배를 넘어, 창조 세계 전체의 회복을 향한 믿음과 절제된 신앙생활을 원하고 계시기 때문이죠.

따라서 누구든지 어떤 목적을 위해 하나님을 이용하는 예배에 나아와선 안 됩니다. 지금처럼 교회에 가서 듣고 잊어버리는 반복적인 '종교 생활'은 믿음 생활이 아니라 생명을 잃은 '죽은 신앙'인 것을 알아차려야 합니다.

"너는 그에게 말하고 그 입에 말을 주라 내가 네 입과 그의 입에 함께 있어서 너의 행할 일을 가르치리라"(출 4:15)

할 수만 있다면 교회는 하나님에 대해 궁금하게 만드는 역할에 충실해야 합니다. 목회자의 역할이 그것입니다. 교회에 나온 성도들에게 날마다 하나님을 궁금하게 만들어주십시오. 말씀을 찾아 읽고 탐구하도록 말이지요. 성도들 스스로 하나님을 찾아가도록 말입니다.

올챙이

가능한 한 성도들이 성경에서 깨달은 바를 교회에 나와 서로 나눌 수 있게 해주십시오. 그 안내자 역할이 목회자의 할 일입니다. 가르치는 것은 성령 하나님의 몫입니다. 그 일을 가로채선 안 됩니다.

또 크리스천이라면 삶에서 섬김의 모습을 보여주면 됩니다. 그 모습을 본 사람들이 닮고 싶도록 말이지요. 하나님이 궁금해서 못 견디도록 말입니다. 그게 전도 아닌가요?

현실은 그러나 입술로 섬기고 말로만 따라 하는 모양새가 아닌지요. 언제부터인가 예수는 없고 복음이 핵심이 되었습니다. 교인이라고 하면 악이 만연한 세상에서 구별되고, 교회는 그런 사람들이 모이는 곳이라고 알고 있지만, 그렇지 못한 현실도 누구나 아는 사실입니다.

"자녀들아 우리가 말과 혀로만 사랑하지 말고 행함과 진실함으로 하자 이로써 우리가 진리에 속한 줄을 알고 또 우리 마음을 주 앞에서 굳세게 하리니 이는 우리 마음이 혹 우리를 책망할 일이 있어도 하나님은 우리 마음보다 크시고 모든 것을 아시기 때문이라 사랑하는 자들아 만일 우리 마음이 우리를 책망할 것이 없으면 하나님 앞에서 담대함을 얻고 무엇이든지 구하는 바를 그에게서 받나니 이는 우리가 그의 계명을 지키고 그 앞에서 기뻐하시는 것을 행함이라 그의 계명은 이것이니 곧 그 아들 예수 그리스도의 이름을 믿고 그가 우리에게 주신 계명대로 서로 사랑할 것이니라 그의 계명을 지키는 자는 주 안에 거하고 주는 그의 안에 거하시나니 우리에게 주신 성령으로 말미암아 그가 우리 안에 거하시는 줄을 우리가 아느니라"(요1 3:18~24)

하나님을 대신해서 말씀을 가르친다? 영(靈)의 말씀을?

하나님을 대신해서 가르칠 자가 누구이겠습니까. 우리는 그저 하나님을 탐구 대상으로 삼을 뿐입니다. 탐구하다 보면 하나님의 말씀에 대해 저절로 분별하는 눈이 생기게 됩니다. 이 땅에 태어난 것도 나의 자유가 아니요, 하나님이 보내신 바 된 것이니, 살아가는 것도 하나님이 책임지신다는 사실을 믿음으로 알아차릴 수 있을 뿐입니다.

"이같이 율법이 우리를 그리스도에게로 인도하는 몽학선생이 되어 우리로 하여금 믿음으로 말미암아 의롭다 함을 얻게 하려 함이니라 믿음이 온 후로는 우리가 몽학선생 아래 있지 아니하도다"(갈 3:24~25)

성도들이 곧 성전입니다. 그러므로 성도 한 사람 한 사람을 세워줄 때 교회가 믿음으로 설 수 있습니다.

그런데 교회는 각 사람의 내면에 임재하신 하나님을 모른 척합니다. 알아차렸다면 기회를 줘야 합니다. 하나님을 증거 할 기회 말입니다. 하나님을 만난 성도라면 얼마나 말하고 싶겠습니까. 그런데 말할 기회를 주지 않습니다. 올챙이의 다리가 나와도 걸음마는커녕 주저앉힐 모양입니다.

사람은 누구든지 표현의 욕구가 있습니다. 자신의 이야기를 하고 싶어 합니다. 또 내 얘기를 하지 않으면 남이 나를 알지 못합니다. 말 못하는 내 속마음은 하나님만 아시겠지요. 그래서 우리는 계속 올챙이일 수밖에 없습니다.

올챙이는 수억 마리의 알에서 선택됩니다. 그 올챙이가 개구리가 되어야 하는데 다리가 나오지 않습니다. 왜 그럴까요?

"믿음은 들음에서 나며 들음은 그리스도의 말씀으로 말미암았느니라 그러나 내가 말하노니 저희가 듣지 아니하였느뇨 그렇지 아니하다 그 소리가 온 땅에 퍼졌고 그 말씀이 땅끝까지 이르렀도다 하였느니라"(롬 10:17~18)

믿음은 들음에서 나야 하지만 들었어도 나지 않기 때문입니다. 다리가 없으니 아직 올챙이일 수밖에요. '나다'라는 것은 '내놓는 것' 혹은 '전하는 것'을 말합니다. 다리가 나오지 않았으니 개구리가 되지 못한 상태입니다. 올챙이의 다리가 나와야 점프도 하면서 새로운 세계를 볼 수 있지 않겠습니까?

우리는 모두 믿는다고 말하지만, 영적 소경인 올챙이에 지나지 않는 존재입니다.

먼저 나의 출신을 알아야 합니다. 나는 분명 하나님의 선택된 자녀라는 사실 말이죠. 은혜로 선택받은 자로서 당연히 개구리로 변화되는 게 맞습니다. 그러나 아직도 올챙이입니다.

이 순간에도 하나님은 기다리고 계십니다. 올챙이 다리가 나오길 학수고대하고 계십니다.

[찬송가 407장. 구주와 함께 나 죽었으니]
구주와 함께 나 죽었으니 구주와 함께 나 살았도다 / 영광의 그 날에 이르도록 언제나 주만 바라봅니다 / 언제나 주는 날 사랑하사 언제나 새 생명 주시나니 / 영광의 그 날에 이르도록 언제나 주만 바라봅니다

개구리로 변화되고 싶은데, 어떻게 하면 될까요?

올챙이라는 사실을 자각하는 것입니다. 내가 누구인지 아는 것이죠. 그랬을 때 '어떻게 살 것인가?' 혹은 '어떻게 죽을 것인가?'에 대해서도 생각해볼 수 있을 것입니다. 그러한 생각이 자라 자기 삶을 되돌아보고 정체성도 드러날 것이기 때문이죠.

다만, 스스로 들여다본들 자신을 알 길은 없습니다. 앞서 서술한 바

와 같이 생물학적 데이터를 아무리 많이 안다고 한들 영적인 내면을 들여다보기는 어렵습니다.

그렇다면 어디서부터 시작해야 할까요?

가장 먼저는 내가 살아온 삶을 반추해 보는 것입니다. 나의 삶 속에 등장하는 사랑하는 사람들을 통해 나를 발견하는 방법이 있습니다. 거울에 나를 비춰보듯이 그들을 통해서 나를 보는 것이죠.

내 모습을 거울에 비춰보면 내가 보입니다. 그러나 그건 외형입니다. 나의 내면을 보기 위해서는 타인이 필요합니다. 우리는 사랑을 나누며 사는 존재이기 때문입니다.

예를 들어, 자신이 사랑받고 있다는 것을 깨닫는 순간 자존감이 올라갑니다. 반대로 사랑받지 못한다는 생각이 들면 위축됩니다. 매사에 자신감을 잃고 맙니다. 어떤 일에도 의욕을 가질 수 없겠죠. 사람과 사람 사이의 관계가 필요한 이유입니다.

하나님과 나와의 관계도 마찬가지입니다. 그 기쁨과 자긍심은 사람 사이에서 느끼는 행복감과 비교할 수 없습니다. 내면에 충만한 기쁨과 행복은 단순히 세상이 주는 것과 다른 차원의 것입니다. 그 누구도 경험하지 못한 감정의 정수를 맛볼 것입니다.

[찬송가 85장. 구주를 생각만 해도]
구주를 생각만 해도 이렇게 좋거든 주 얼굴 뵈올 때에야 얼마나 좋으랴 / 만민의 구주 예수의 귀하신 이름은 천지에 있는 이름 중 비할 데 없도다 / 참 회개하는 자에게 소망이 되시고 구하고 찾는 자에게 기쁨이 되신다 / 예수의 넓은 사랑을 어찌 다 말하랴 주 사랑받은 사람만 그 사랑 알도다 / 사랑의 구주 예수여 내 기쁨 되시고 이제로부터 영원히 영광이 되소서

올챙이

사람은 자신을 사랑해 주는 대상을 통해 자신의 존재를 자각하게 됩니다. 타인 곧 상대를 통해 나의 마음을 관찰할 수 있게 되는 것이죠. 이때 진정한 자아와 대면하고 다양한 감정의 닻을 내리기도 합니다.

사람은 누구나 사랑하며 아름답게 살고 싶어 합니다. 아름다운 삶을 추구하는 것이 기본적인 욕구입니다. 아름다움에 대한 갈망을 포기하는 순간, 실패하는 인생이 되고 말기 때문이죠. 아름다움을 빼버린다면 '어떻게 살 것인가?'에 대한 질문 자체가 무색해집니다.

그래서일까요? 누구나 자기 삶을 실상보다 훨씬 심미적인 관점에서 바라본다고 합니다. 이는 멋지고 근사한 삶을 살고 싶어 하지 않는 사람은 아무도 없다는 것을 의미합니다. 멋진 모습만을 생각하고 자신을 꾸며서 이해하고 싶어 하는 것이 인간의 욕구라는 것을 말해주죠.

그렇더라도 나 자신이 아름다운 것에 대해 알지 못하면 아름답게 살 수 없습니다. 아름다운 것에 대해 말할 수 있어야 안다고 할 수 있으니까요. 우리가 어떤 것을 보고 아름답다고 하는 것은 나름대로 아름다움에 대한 정의를 내리고 있기 때문입니다. 아름답다는 것에 대해 알아야 아름다운 것을 찾아낼 수도, 누릴 줄도 알겠지요.

세상의 모든 아름다움은 하나님으로부터 비롯되었습니다. 하나님에 대해서도 모르면 아름다움에 대해 말할 수 없고, 말을 못 하면 아는 게 아닙니다. 천지를 창조하신 후 하나님이 "좋았더라." 하시며 스스로 만족하셨으므로 아름다움이 완성되었습니다.

티끌밖에 안 되는 인간이 오늘날 온 우주를 아는 단계까지 지식을 축적해 왔습니다. 한 인간 안에 우주가 담겨 있다는 말은 인간을 알면 우주를 아는 것이라는 뜻이 포함되어 있습니다. 즉 '내가 누구인지를 안다는 것'이 중요한 까닭입니다.

"영접하는 자 곧 그 이름을 믿는 자들에게는 하나님의 자녀가 되는 권세를 주셨으니 이는 혈통으로나 육정으로나 사람의 뜻으로 나지 아니하고 오직 하나님께로부터 난 자들이라"(요 1:12)

믿음의 성도인 우리는 하나님의 자녀입니다. 그러므로 육(肉)의 빵만으로 살 수 없습니다. 영(靈)의 양식인 '하나님의 말씀'을 먹으며 살 때 하나님의 자녀로서 권세를 얻게 되는 것입니다. 이것이 하나님이 완성하신 아름다움에 참예하는 축복의 삶입니다.

"나는 세상의 빛이니 나를 따르는 자는 어둠에 다니지 아니하고 생명의 빛을 얻으리라"(요 8:12)

하나님이 스스로 빛이라 하셨으므로 우리도 어둠이 아닌 빛의 자녀로 다시 태어났습니다.

"너희가 전에는 어두움이더니 이제는 주 안에서 빛이라 빛의 자녀들처럼 행하라"(엡 5:8)

"그가 빛 가운데 계신 것 같이 우리도 빛 가운데 행하면 우리가 서로 사귐이 있고 그 아들 예수의 피가 우리를 모든 죄에서 깨끗하게 하실 것이요 만일 우리가 죄가 없다고 말하면 스스로 속이고 또 진리가 우리 속에 있지 아니할 것이요 만일 우리가 우리 죄를 자백하면 그는 미쁘시고 의로우사 우리 죄를 사하시며 모든 불의에서 깨끗하게 하실 것이요"(요1 1:7~9)

빛이신 하나님이 우리를 세상의 빛으로 세우셨다는 것을 확인할 수 있습니다.

"내 안에 거하라 나도 너희 안에 거하리라 가지가 포도나무에 붙어 있지 아니하면 스스로 열매를 맺을 수 없음 같이 너희도 내 안에 있지 아니하면 그러하리라 나는 포도나무요 너희는 가지라 그가 내 안에, 내가 그 안에 거하면 사람이 열매를 많이 맺나니 나를 떠나서는 너희가 아무것도 할 수 없음이라 사람이 내 안에 거하지 아니하면 가지처럼 밖에 버려져 마르나니 사람들이 그것을 모아다가 불에 던져 사르느니라 너희가 내 안에 거하고 내 말이 너희 안에 거하면 무엇이든지 원하는 대로 구하라 그리하면 이루리라 너희가 열매를 많이 맺으면 내 아버지께서 영광을 받으실 것이요 너희는 내 제자가 되리라 아버지께서 나를 사랑하신 것 같이 나도 너희를 사랑하였으니 나의 사랑 안에 거하라 내가 아버지의 계명을 지켜 그의 사랑 안에 거하는 것같이 너희도 내 계명을 지키면 내 사랑 안에 거하리라"(요 15:4~10)

그러므로 빛의 자녀인 우리는 주 안에 머물러 있을 때 어두움에 넘어지지 않을 수 있습니다.

"너희가 전에는 어두움이더니 이제는 주 안에서 빛이라 빛의 자녀들처럼 행하라"(엡 5:8)

우리는 모두 과거에 불순종하던 본질상 진노의 자식이었습니다. 어두움에 속했던 자들입니다. 어두움은 음행이나 온갖 종류의 더러운 것, 탐욕, 누추함, 어리석은 말, 희롱하는 말, 자기가 만든 우상 하나님을 섬기는 일 등을 말합니다.

어두움과 빛은 절대로 공존할 수 없습니다. 빛이 드러나는 순간 어둠은 도망가 버립니다.

"빛의 열매는 모든 착함과 의로움과 진실함에 있느니라"(엡 5:9)

과거에는 어두움이었지만, 그래서 빛을 피해 어둠 속으로 숨어버렸지만, 이제는 신분이 바뀌었으니 그 반대인 빛으로 살라고 하십니다.

빛의 열매는 첫 번째가 '착한 행실'이라고 말씀합니다. 즉 '선한 일'을 말합니다.

선하다는 것이 무엇입니까? 이것은 세상에서 말하는 착하고 선한 것이 아니라, 하나님의 성품을 가리킵니다.

"하나님 한 분 외에는 선한 이가 없느니라"(눅 18:19)

예수님이 하신 말씀입니다. 그러므로 하나님을 믿지 않으면서 착하게 살며 선을 행하는 것은 성경에서 말하는 '착한 행실'이 아닙니다. 오히려 하나님 없는 착함은 '악한 행실'입니다. 하나님을 믿지 않는 모든 것은 '악'이기 때문입니다.

[참 좋으신 나의 하나님]
좋으신 하나님 좋으신 하나님 참 좋으신 나의 하나님 / 우리의 기도를 응답해 주시는 참 좋으신 나의 하나님 / 한없는 축복을 우리에게 주시는 참 좋으신 나의 하나님

예수 그리스도를 믿는 사람이라면 가장 먼저 하나님의 선하신 성품이 드러나게 되어 있습니다. 하나님의 선하신 성품에는 하나님의 공의로움과 세상에 하나밖에 없는 진리인 진실함이 함께하게 됩니다.

"그러나 우리의 시민권은 하늘에 있는지라 거기로부터 구원하는 자 곧 주 예수 그리스도를 기다리노니"(빌 3:18)

불변하는 하나님의 기준에 합한 삶을 살았을 때 구원받고 천국에 갑니다. 쉽게 생각해봐도, 미국 시민이 되고 싶다면 시민권을 따야 합니다. 하나님 나라에 들어가려면 하나님이 정하신 기준을 알아야 합니다. 모르면 들어갈 수 없습니다. 하나님의 기준을 아는 게 중요합니다.

"나더러 주여주여 하는 자마다 천국에 다 들어갈 것이 아니요, 다만, 하늘에 계신 내 아버지의 뜻대로 행하는 자라야 들어가리라 그날

에 많은 사람이 나더러 이르되 주여주여 우리가 주의 이름으로 선지자 노릇하며 주의 이름으로 귀신을 쫓아내며 주의 이름으로 많은 권능을 행치 아니하였나이까 하리니 그때에 내가 저희에게 밝히 말하되 내가 너희를 도무지 알지 못하니 불법을 행하는 자들아 내게서 떠나가라 하리라"(마 7:21~23)

성경을 읽고 알아낸 진리에 따를 때 구원을 얻고 천국에 갈 수 있다고 말씀합니다.

'불법을 행하는 자들'이란 누구를 말하는 걸까요?

'종교인들'입니다. 교회를 다닐 만한 믿음은 있는 것 같으나 하나님 말씀을 절대적으로 따르지 않으면서 "주여, 주여."를 부르거나, 혹은 구원의 확신이 있다고 하면서 본인 마음대로, 뜻대로 살아가는 이들을 가리킵니다. 목사, 장로, 집사 등의 직분과 상관이 없습니다.

그렇다면 어떤 삶이 '하나님의 기준'에 부합된 걸까요?

하나님께 마음을 여는 것부터 시작입니다. 내 안에 계신 하나님을 알아차리는 것이죠. 어떤 일이든 '내가 받아들여야 내 것'이 되듯 내 안의 하나님을 만나는 것입니다. 만나서 자신의 죄를 인정하고, 항복하고, 회개하며 자기는 죽을지라도 예수만 따르겠다고 결심하는 것입니다. 주께 순종하는 삶이 영원히 주 안에 거하는 것이니까요.

"또 각각 자기 나라 사람과 각각 자기 형제를 가르쳐 이르기를 주를 알라 하지 아니할 것은 그들이 작은 자로부터 큰 자까지 다 나를 앎이라"(히 8:11~12)

우리는 하나님이 주신 새 언약 곧 예수 그리스도를 믿는 믿음으로 구원받았습니다. 그러나 예수로 말미암아 세워진 새 언약은 강제하거나 형식적인 것이 아닙니다. 하나님의 율법이 사람의 생각과 마음에 있으므로 말씀에 순종할 수 있는 자원함과 진실함을 깨닫는 것입니다. 그러니 더는 율법에 매여 끌려다닐 게 아닙니다.

"그런즉 누구든지 그리스도 안에 있으면 새로운 피조물이라 이전 것은 지나갔으니 보라 새것이 되었도다"(고후 5:17)

"그러므로 나의 사랑하는 자들아 너희가 나 있을 때뿐 아니라 더욱 지금 나 없을 때에도 항상 복종하여 두렵고 떨림으로 너희 구원을 이루라 너희 안에서 행하시는 이는 하나님이시니 자기의 기쁘신 뜻을 위하여 너희에게 소원을 두고 행하게 하시나니"(빌 2:12~13)

"하나님께로부터 난 자는 다 범죄하지 아니하는 줄을 우리가 아노라 하나님께로부터 나신 자가 그를 지키시매 악한 자가 그를 만지지도 못하느니라 또 아는 것은 우리는 하나님께 속하고 온 세상은 악한 자 안에 처한 것이며 또 아는 것은 하나님의 아들이 이르러 우리에게 지각을 주사 우리로 참된 자를 알게 하신 것과 또한 우리가 참된 자 곧 그의 아들 예수 그리스도 안에 있는 것이니 그는 참 하나님이시요 영생이시라"(요1 5:18~20)

아름다운 것을 실현하려는 사람은 아름다운 것과 그렇지 않은 것을 구별합니다. 나쁜 것을 버리고 가까이하지 않습니다. 귀한 것, 멋있는 것, 지켜야 할 것에 대한 삶의 기준을 명확히 알기 때문입니다.

[찬송가 171장. 하나님의 독생자]
하나님의 독생자 예수 날 위하여 오시었네 / 내 모든 죄 사하시려고 십자가 지셨으나 다시 사셨네 / 살아계신 주 나의 참된 소망 / 두려움이 사라지네 / 사랑의 주 내 갈 길 인도하니 내 모든 삶의 기쁨 늘 충만하네 / 살아계신 주 나의 참된 소망

2

이분법

"딱딱딱딱……."

오색딱따구리가 열심히 둥지를 짓고 있습니다. 하루에 1만2천 번 이상 나무를 쫀다고 합니다. 단단한 부리로 나무를 쪼아 집을 짓거나 소리를 통해 먹이나 영역을 알립니다.

그런데 궁금한 것은 그렇게 단단한 나무를 쪼아대느라 충격을 받을 법도 한데, 딱따구리의 머리는 괜찮은 걸까요?

학문적으로 밝혀진 게 없어서 수수께끼지만, 가설에 의하면 딱따구리 뇌의 크기와 배치가 충격을 최소화하고, 안전띠처럼 감싼 기다란 목뿔뼈와 스펀지 구조의 두개골 뼈가 충격을 완화한다고 합니다.

신화 속에서 천상의 안내자 역할을 한다는 새들은 더 멀리 비행하고 대기권 밖으로 우주선을 쏘아 올리는 21세기에도 평생 지상에서 발을 뗄 수 없는 인간에 비한다면 문명을 뛰어넘는 자연의 혜택을 고스란히 누리는 존재입니다.

새들만이 아닙니다. 나뭇잎을 흔들며 지나는 바람, 그림자의 각도에서 만나는 햇살. 단단한 바위에 부닥쳐도 군소리 없이 감싸고 흐르는 물줄기는 형체를 갖지 않고도 산을 키우고 나무를 살찌웁니다. 부족

함이 없도록 어디든 닿아서 만물 위에 평등한 손길을 보탭니다. 천상이라고 이와 다를까요?

그런데 우리는 어떻습니까, 진정 이 모두를 누리며 살아가고 있나요? 그렇지 못한 것 같습니다. 그 이유가 뭘까요?

하나님을 알지 못하기 때문입니다. 하나님을 온전히 만나지 못해서입니다. 하나님이 만드신 아름다움에 참예하지 못하고 있기에 그렇습니다.

"하나님이 모든 것을 지으시되 때를 따라 아름답게 하셨고 또 사람들에게는 영원을 사모하는 마음을 주셨느니라. 그러나 하나님이 하시는 일의 시종을 사람으로 측량할 수 없게 하셨도다"(전 3:11)

[찬송가 64장. 기뻐하며 경배하세]
기뻐하며 경배하세 영광의 주 하나님 / 주 앞에서 우리 마음 피어나는 꽃 같아 / 죄와 슬픔 사라지고 의심 구름 걷히니 변함없는 기쁨의 주 밝은 빛을 주시네

"하나님이 자기 형상 곧 하나님의 형상대로 사람을 창조하시되 남자와 여자를 창조하시고 하나님이 그들에게 복을 주시며"(창 1:27~28)

하나님은 태초에 사람을 지으시고 맨 먼저 하신 일이 축복하신 것입니다.

우리가 하나님이 주시는 축복에 참예하려면 어떻게 해야 할까요?

"네가 네 하나님 여호와의 말씀을 삼가 듣고 내가 오늘 네게 명하는 그 모든 명령을 지켜 행하면 네 하나님 여호와께서 너를 세계 모든 민족 위에 뛰어나게 하실 것이라 네가 네 하나님 여호와의 말씀을 청종하면 이 모든 복이 네게 임하며 네게 이르리니"(신 28:1~2)

성서를 관통하는 주제가 '하나님을 경외하라, 하나님의 뜻에만 따르고 순종하라.'라는 말씀입니다. 그러니 순종이 먼저입니다.

어떤 책이든 주제를 담고 있습니다. 그래서 책을 읽을 때는 저자가 무엇을 말하려는지 주제를 파악하는 것이 중요합니다. 성경도 마찬가지입니다. 내 관점에서 성경을 읽다 보면 오류에 빠지기 쉽습니다. 자의적인 해석을 한다거나 주관적으로 받아들이기 때문이죠.

성경을 읽을 때는 하나님의 관점에서 읽어야 합니다. 하나님의 뜻을 제대로 알기 위해서는 반드시 훈련이 필요한 시각입니다. 하나님의 관심사가 무엇이고, 어떤 마음이신지, 무엇을 말씀하고 싶으신 건지 등의 주제를 파악하며 읽어야 합니다.

하나님이 강조하신 '순종'은 어떤 삶인가요? 교회에 잘 나가고 예배 잘 드리면 순종하는 걸까요?

그렇지 않습니다. 먼저는, 삶의 모든 영역에서 하나님의 절대 주권을 인정하는 것입니다. 그런 가운데 전적으로 하나님만 의지하고 순종하는 자세로 살아가는 것을 말합니다.

그러니 우리가 복을 받느냐, 아니냐는 철저하게 하나님의 말씀에 순종하느냐, 아니냐의 여부에 달렸습니다. 그러함에도 말씀도 읽지 않으면서 순종한다고 할 수 있을까요?

성경은 하나님께서 뜻하시는 바를 말씀하시고, 그 말씀에 순종했을 때 아브라함을 비롯한 많은 선지자에게 약속한 대로 복을 주신 역사를 기록하고 있습니다.

"그는 시냇가에 심은 나무가 철을 따라 열매를 맺으며 그 잎사귀가 마르지 아니함 같으니 그가 하는 모든 일이 다 형통하리로다"(시 1:3)

우리가 '순종하는가, 불순종하는가'의 여부는 이분법으로 알아차릴 수 있습니다. 하나님의 역사는 순종과 불순종의 여부를 통해 '축복과 심판'이 반복되었습니다. 이는 이 땅에 사는 두 부류의 사람, 즉 의인과 악인에 대한 역사이기도 합니다.

시편은 의인과 악인에 대해서도 말씀합니다.

"복 있는 사람은 악인들의 꾀를 따르지 아니하며 죄인들의 길에 서지 아니하며 오만한 자들의 자리에 앉지 아니하고 오직 여호와의 율법을 즐거워하여 그의 율법을 주야로 묵상하는도다"(시 1:1~2)

여기서 '죄'와 '악'은 우리가 상식적으로 알고 있는 범죄행위를 말함이 아닙니다. 하나님의 기준에서 벗어난 행위를 가리킵니다. 자기의 꾀에 기대 살거나 스스로 길을 가는 이들입니다.

그리고 오만한 자는 악인과 죄인을 넘어 "내가 삶의 주인이다!"라고 외치는 자들을 가리킵니다. 이들은 하나님의 도우심 없이도 세상을 잘 살 수 있다는 자만심으로 가득 차 있습니다.

순종하는 삶으로 나아가려면 우리 안에 하나님의 임재를 깨닫는 것이 중요합니다. 우리가 알거나 혹은 알지 못할 때도 하나님은 내 안에 계십니다. 알아차리지 못했을 뿐이죠.

알아차린다는 것은 우리의 삶에서 지속적으로 일어났습니다. 우리의 생각이 변화하고 감정과 느낌이 모두 변화해 왔습니다. 그동안 분주한 삶에 매몰되어 하나님의 임재를 깨닫지 못했을 뿐입니다. 하나님을 찾아 헤맬 필요가 없다는 것도 알지 못했습니다.

그래서 우리는 가장 단순하고 위대한 알아차림을 번번이 놓쳤다는 사실을 깨치지 않으면 안 됩니다. 스스로 이러한 것들을 의식함으로써 나의 내면을 들여다볼 수 있어야 합니다. 교회에 가서 예배만 드린다고 알 수 있는 게 아닙니다. 목사님이 날마다 "하나님을 만나세요!"

외친다고 만날 수 있는 게 아닙니다. 내가 숨 쉬고, 보고, 듣고, 생각하는 것들을 자각하고 그 모든 것에 임재하신 하나님을 느끼는 것, 그러나 이는 각자의 몫으로 남겨져 있습니다.

배고픈 사람이 밥을 먹어야 배가 부릅니다. 누군가 대신 먹어주는 것으로 우리의 배가 채워지지 않습니다. 영의 말씀도 이와 같습니다. 내가 말씀을 직접 받아들일 때 하나님과 영적인 교통이 일어날 수 있습니다. 하물며 사람을 변화시키는 일인데, 사람이 할 수 있는 일이 아니지 않습니까?

사람은 사람을 변화시킬 수 없습니다. 그런데 가당치도 않게 세상이 하나님을 바꾸려 합니다. 예수가 복음인데, 예수 따로 복음 따로 가는 세상입니다. 그러니 교회에서 목사님 설교를 듣는 것으로 끝나는 것이 아니겠습니까? 듣고 잊어버렸으니 나눌 수 없는 건 당연합니다. 이것이 종교이고, 종교 생활인 것이죠. 목회자의 설교가 복음의 전부라고 믿는 어리석음에서 벗어나야 합니다.

"구하라 그리하면 너희에게 주실 것이요 찾으라 그리하면 찾아낼 것이요 문을 두드리라 그리하면 너희에게 열릴 것이니"(마 7:7)

"성령이 너희에게 임하시면 너희가 권능을 받고 온 유대와 사마리아와 땅끝까지 이르러 내 증인이 되리라"(행 1:8)

영적인 시작점은 누구든지 소경에서 출발합니다. 예수를 믿음으로써 영의 눈을 뜨게 되어 사망에서 생명으로 옮겨가게 되는 것입니다. 결코, 타인에 의해서가 아닙니다. 영적인 눈은 영이신 하나님만이 우리 눈을 밝혀주실 수 있기 때문입니다.

목회자도 눈을 뜰 수 있게 돕는 역할을 할 뿐입니다. 그런데 교회는 소경을 모아 놓고 보라고만 합니다. 하나님을 체험할 수 있도록 돕지는 않고 훈련만 시키고 있습니다. 실습 한번 없이 악한 세상으로 나가 실전을 치러낼 수 있을까요? 더구나 영적 전쟁터에서 말이죠.

게다가 하나님 말씀의 전신갑주(全身甲冑)를 입지 않고는 어림도 없습니다.

"근신하라 깨어라 너희 대적 마귀가 우는 사자 같이 두루 다니며 삼킬 자를 찾나니"(벧전 5:8)

"마귀에게 틈을 주지 말라"(엡 4:27)

전신갑주는 말 그대로 머리부터 발끝까지 원수의 공격을 막는 데 보호 목적이 있습니다. 집요하게 공격하는 적들의 화살이 어디에서 날아올지 알 수 없으나, 전신갑주를 취할 때 보호받을 수 있습니다.

"마귀의 간계를 능히 대적하기 위하여 하나님의 전신갑주를 입으라 우리의 씨름은 혈과 육을 상대하는 것이 아니요 통치자들과 권세자들과 이 어둠의 세상 주관자들과 하늘에 있는 악의 영들을 상대함이라 그러므로 하나님의 전신갑주를 취하라 이는 악한 날에 너희가 능히 대적하고 모든 일을 행한 후에 서기 위함이라"(엡 6:11~13)

하나님의 전신갑주는 진리의 허리띠, 의의 호심경, 복음의 신발, 믿음의 방패, 구원의 투구를 갖추고 성령의 검인 하나님의 말씀을 받는 것입니다.

마귀는 돈, 출세, 성공, 성적 쾌락, 사람들에게 인정받으려는 욕구 등 다양한 방면으로 유혹하고 공격합니다. 예외가 없습니다.

로마에서 쇠사슬에 묶인 사도 바울이 입을 열어 복음의 비밀을 담대히 알릴 수 있었던 것은 하나님의 전신갑주를 입었기 때문입니다.

무엇보다 성령의 검인 하나님의 말씀에 깨어 있어야 합니다. 그것이 첫째가는 중요한 무기입니다. 하나님의 자녀로서 누구보다 하나님을

잘 알고 있어야 합니다. 그래야 '어디든지, 어느 곳에서나 함께 계시다.'
라는 것을 나타낼 수 있습니다.

교회가 우선해야 하는 것도 하나님 공부입니다. 성도들은 모두 하나
님이 어떤 분이고 무엇을 기뻐하실지 뜻을 헤아릴 줄 알아야 합니다.

[찬송가 384장. 나의 갈길 다 가도록]
나의 갈길 다 가도록 예수 인도하시니 / 내 주 안에 있는 긍휼 어찌 의심하리
요 / 믿음으로 사는 자는 하늘 위로 받겠네 / 무슨 일을 만나든지 만사형통하
리라 / 무슨 일을 만나든지 만사형통하리라

그런데 온통 예배에만 열심을 빼앗기고 있습니다. 주일예배, 새벽예
배, 수요예배, 금요예배의 중요성만 강조합니다.

"주는 제사를 즐겨 아니하시나니 그렇지 않으면 내가 드렸을 것이라
주는 번제를 기뻐 아니하시나니 하나님의 구하시는 제사는 상한 심령
이라 하나님이여 상하고 통회하는 마음을 주께서 멸시치 아니하시리
이다"(시 51:16~17)

구약의 제사는 신약의 예배와 같습니다.

구약의 제사제도는 죄로 인해 하나님과 멀어졌던 하나님의 백성이
죄 사함을 받고 하나님과 가까워지기 위해, 혹은 하나님께 감사하는
의식입니다.

그러나 주님은 '제사를 기뻐하지 않는다.'라고 하였습니다.

"나는 인애를 원하고 제사를 원하지 아니하며 번제보다 하나님을
아는 것을 원하노라"(호 6:6)

오늘도 우리의 교회는 감사헌금 잘하고, 십일조 빼먹지 않고 잘하

면 된다고 합니다. 공식적인 틀을 강제하며 돈과 시간을 지배하고 있습니다. 예배에 성공하지 못하면 모든 일에도 성공하지 못한다고 가르칩니다.

대부분 기독교인과 비기독교인을 교회 다니고 안 다니는 것으로 구별합니다. 사실 그 차이뿐입니다. 악이 만연한 세상에서 구별된 삶을 사는 크리스천들이 모이는 곳이 교회라고 알고 있지만, 그렇지 못한 현실도 누구나 아는 사실이죠.

진정한 믿음은 내가 주체가 되어서, 상한 마음이 치유되고 기쁨과 희망을 회복하는 것입니다.

교회에 나와서는 우리 본연의 정체성을 알아차려 하나님의 자녀로서 거룩함을 자랑하고 하나님을 찬양하는 것이 마땅합니다.

그러니 누구나 강대상에 서서 그 기쁨을 고백할 수 있어야 합니다. 서로 권면하는 무대가 되어야 합니다. 그럴 때 성도들은 하나님의 존재를 더 깊이 알게 되어 하나님이 원하시는 바를 깨닫습니다. 순종하는 믿음으로 나아갈 수 있는 길은 그것입니다.

성경은 하나님을 알려주는 책입니다. 누구나 읽고 하나님에 대해 아는 바를 이야기하라는 책입니다. 서로 하나님 이야기를 나눌 때 나의 영혼이 하나님 안에 거하게 되므로 은혜가 풍성해지는 것입니다.

누구든지 궁금하면 찾게 되고, 찾아서 알게 된 것은 말하고 싶어 합니다. 이것은 기본적인 욕구입니다. 하나님에 대해 궁금한 사람은 성경을 찾아 읽게 되어 있습니다. 내가 알게 된 바를 말로 표현하고 서로 나누는 게 자연스러운 것이죠.

기본적으로 말씀을 서로 나누려면 성경을 알아야 합니다. 성경을 읽지 않고 들은 것만으로 나누기는 어렵습니다. 말씀을 나누려니 읽어야 하고 성경을 읽으면서 발견한 하나님이 주시는 충만한 기쁨에 붙들리면 더 깊이 있게 읽으며 믿음이 자랍니다.

이 원리를 알게 된 사람은 은혜를 나누지 않고는 못 배기게 되어 있습니다. 전도의 욕구가 자연스레 생깁니다. 오늘부터 교회의 모습이 이렇게 바뀐다면 성도들도 성경을 읽지 않고는 교회에 을 수 없을 것입니다. 다른 사람에게 말하기 위해서라도 읽게 될 테니까요. 그러면서 읽기를 서로 권하고, 또 알게 된 것을 기억하려고 애를 쓸 것입니다.

이것이 믿음의 첫걸음입니다. 올챙이에서 개구리로 변화하는 단계로 나아가게 되는 것이죠.

교회가 자주 인용하는 말씀이 있습니다.

"모이기를 폐하는 어떤 사람들의 습관과 같이하지 말고"(히 10:25)

사람들을 많이 불러들이는 게 능사가 아님에도 교회가 유리한 쪽으로 말씀을 잘라서 해석하는 것이라고밖에 볼 수 없습니다. 많은 교회가 믿음의 토양 역할을 제대로 하지 못하는 이유 중 하나로 여기에 발목이 잡혀 있습니다. 이대로라면 성도들은 언제까지나 목사님의 설교만 듣고 종교 생활을 이어갈 뿐입니다.

교회 어디에서도 성도들의 전도나 찬양은 그 안에서 머물러 있을 뿐입니다. 내가 줄려고 하지 않고 전적으로 듣기만 하므로 통로가 막혀 있는데 어찌 은혜가 밖으로 흘러나올 수 있겠습니까? 오랫동안 잘못된 형식의 모임이 예배로 고착된 까닭입니다.

교회는 편을 가르고 차별하고 혐오하고 분열하는 세상에서 구별되어야 합니다. 하나님 나라의 구원 사역에 앞장서서 나의 나 됨과 동시에 하나 됨의 조화와 통일을 추구해 나가야 합니다.

지금까지 전쟁을 겪던 가난한 시대에 추구하던 경쟁과 성장, 성공을 가치관으로 자기합리화하던 시대정신과 사상에 기대어 설명하고 설득하는 강요로는 역효과만 날 뿐입니다. 사람들의 마음에 감동을 줄 수도 없고 하나님께로 인도할 수도 없습니다.

내게 유리하면 옳고, 불리하면 죄악시하는 것들을 철저하게 배척하고 진리의 기준에 각자가 설 수 있도록 스스로 변화를 시도하지 않는 교회는 머지않은 미래에 존재할 수 없습니다.

인간은 논리적이고 윤리적인 설명보다 이미지 혹은 심상이나 이야기에 더 감동합니다. 우리가 하나님이 누구인지, 무엇을 기뻐하시는지 각자 받은 은혜를 서로 나눌 때 하나님 나라를 더 가까이 누릴 수 있습니다.

또한, 타인의 모습을 통해 나를 비춰보듯이 서로가 증거 하는 하나님을 통해 내 안에 계신 하나님을 신뢰하고 확신하게 될 것입니다. 그랬을 때 자기중심에서 벗어날 수 있습니다. 우리에게 있는 치명적인 거리낌은 '예배가 믿음 생활의 전부'라는 식의 설득입니다. 이제 더는 통하지 않습니다.

성경은 목회자의 해석으로 다 담아낼 수 없는 하나님의 사랑이 녹아 있는 거대한 서사입니다. 이 뜨거운 이야기를 목회자의 설법으로 풀어내는 것에 국한해선 안 됩니다.

각 사람, 즉 나의 이야기가 담기도록 전해야 합니다. 내가 체험한 하나님을 나누고 확장해 나갈 수 있도록 서로서로 격려가 필요합니다.

[찬송가 478장. 참 아름다워라]
참 아름다워라 주님의 세계는 / 저 솔로몬의 옷보다 더 고운 백합화 / 주 찬송하는 듯 저 맑은 새소리 / 내 아버지의 지으신 그 솜씨 깊도다

성경은 누군가의 해석을 거쳐야 하는 법전이 아닙니다. 상징과 은유로 각자의 마음에 감동을 일으키도록 설계된 시이고, 언어이며, 말씀입니다. 따라서 우리의 신앙생활에서 주의 구속과 구원의 이야기가 드러나도록 '나의 이야기'가 담겨야만 합니다.

우리에겐 이야기(story)에 대한 본능이 있습니다. 이야기를 통해 사회를 이해하며 살아가기 때문이죠. 이야기를 통해 서로를 이해할 수 있고, 기억할 수도 있고, 함께 공감대를 형성하기도 합니다. 무언가를 간절하게 희구하는 것도 이 때문입니다.

우리는 허탈과 공허를 채우기 위해 끊임없이 무엇인가에 집착하고 열광합니다. 그러하기에 죄악에도, 선한 영향력에도 노출되어 있습니다. 나 나름대로는 이것을 이분법으로 구분 짓기로 합니다. 참인 것을 알면 거짓을 구별할 수 있어서죠.

그렇다고 '이분법적 잣대로 판단한다.'라는 오해는 하지 말아 주시기 바랍니다. 성경에 언급된 키워드(단어)에 주목하기 위해 설명하려는 것뿐이니까요.

혹자는 선과 악의 개념에 사로잡히는 이분법을 경계하라고 합니다. '선행은 하나님'이라는 이론이 선행에 압력을 넣고 선행을 하지 못한 나 또는 죄를 지은 나를 더 죄책감에 이끌리게 해서 하나님과 더 멀어지게 한다는 주장입니다.

그러나 여기서 설명하는 이분법은 죄가 죄 됨을 알아야 죄를 멀리할 수 있으므로 분명한 기준을 삼고자 함입니다. 가장 먼저는 하나님을 아는 것과 모르는 것의 차이를 우리 스스로가 알아채야 하니까요.

죄패에 무엇이라고 써 있나요?

죄패에 써 있는 단어와 나는 무슨 상관이 있나요?

아담과 하와 이후로 인간은 하나님과 친밀한 관계에서 멀어졌습니다. 미켈란젤로가 '시스티나 성당' 천장에 그린 「아담의 창조」라는 제목의 벽화를 떠올려 봅니다.

손을 내밀고 있는 아담의 모습이 흙에서 막 깨어난 것 같습니다. 아담의 손끝에는 하나님의 손길이 닿을 듯 마주하고 있습니다. 서로 닿고자 하지만 닿지는 않습니다. 그러니 부여잡을 수도 없습니다. 마치 인간의 존재가 늘 하나님을 갈망하는 모습 같습니다.

그러함에도 인간을 향해 팔을 뻗고 계신 하나님의 손끝에서 타오르는 영혼의 불꽃을 놓칠 수는 없습니다. 영적으로 연결된 관계라 여겨지는 이유입니다.

우리는 성경 속 인물들을 통해 우리의 삶 속에 들어와 교제하시는 하나님의 면모를 살펴볼 수 있습니다.

"천지의 주재이신 아버지여 이것을 지혜롭고 슬기 있는 자들에게는 숨기시고 어린아이들에게는 나타내심을 감사하나이다 옳소이다 이렇게 된 것이 아버지의 뜻이니이다"(마 11:25~26)

하나님은 우리의 이성이나 지혜에 의지하지 않으시고 어린아이처럼 순수하게 오직 주님만을 의지할 대상으로 삼을 때 '드러내신바' 되셨습니다. 어린아이와 같은 겸손함을 보시는 하나님이신 것을 알 수 있습니다.

구원받았는지 아닌지의 알아차림도 이와 같습니다. 죄악이 만연한 시대에 구원받은 자로서 구별된 삶을 살아가면 되는 것입니다.

"베드로가 가로되 너희가 회개하여 각각 예수 그리스도의 이름으로 세례를 받고 죄 사함을 얻으라 그리하면 성령을 선물로 받으리니 이 약속은 너희와 너희 자녀와 모든 먼 데 사람 곧 주 우리 하나님이 얼마든지 부르시는 자들에게 하신 것이라 하고 또 여러 말로 확증하며 권하여 가로되 너희가 이 패역한 세대에서 구원을 받으라 하니 그 말을 받는 사람들은 세례를 받으매 이날에 제자의 수가 삼천이나 더하더라"(행 2:38~41)

복음은 하나님의 나라 즉, 천국에 대한 소식입니다.

소식은 전달하는 대상이 존재해야 합니다. 당연히 내가 아는 이들과 주변으로 연결해 나가면서 전도하는 게 당연합니다. 특정한 장소나 특정한 사람에게만 전하는 것이 아닙니다. 나도 하나님의 자녀이니 너도 나와 같은 자녀인 것을 알고 함께 이 기쁨을 나누자는 이웃 간의 은혜입니다. 그래서 누구든지, 어디서나, 앉든지 서든지 소망하며 기대하는 소식입니다.

세상의 아름다움은 하나님으로부터 비롯되었습니다. 하나님은 지휘자요, 우리는 선율에 따라 아름다운 소리를 내는 악기입니다. 피조물로서 하나님의 영광을 위해 지음을 받은 우리는 그분의 영광을 드러내고 아름다움을 반영하는 존재일 따름입니다.

[찬송가 79장. 주 하나님 지으신 모든 세계]
주 하나님 지으신 모든 세계 내 마음속에 그리어볼 때 / 하늘의 별 울려 퍼지는 뇌성 / 주님의 권능 우주에 찼네 / 주님의 높고 위대하심을 내 영혼이 찬양하네 / 주님의 높고 위대하심을 내 영혼이 찬양하네

주님은 건물 성전에만 계시지 않습니다. 종교적인 예배를 통해 영광을 받는 존재가 아닙니다. 그랬다면 주님은 권세 높은 임금의 자리에 계셔야 합니다.

주님은 우리가 머무는 곳 일터와 가정, 어느 곳에나, 또 만나는 모든 사람과 함께하심을 알지 않습니까. 그러니 우리의 일상과 동떨어진 곳에서 금식하고 모임을 여는 일보다 더 중요한 것은 항상 마주하는 사람들과 진실한 마음으로 주님의 은혜를 나누는 삶이라는 것도 잘 아는 바가 아니던가요?

엄밀히 말해서 구약의 안식일이 언제부터인가 '주일'로 탈바꿈한 것이 아닌지요?

구약의 안식일은 하던 일을 멈추고 휴식하는 날의 의미였습니다. 안식일의 유래는 태초에 하나님께서 엿새 동안 천지 만물을 창조하시고 일곱째 날에는 모든 일을 마치고 쉼으로써 창조 사역을 완성하신 데서 비롯되었습니다.

성경 첫 장에 "태초에 하나님이 천지를 창조하시니라… 하나님이 빛과 어두움을 나누사… 이는 첫째 날이니라… 궁창 아래의 물과 궁창 위의 물로 나뉘게 하시매 그대로 되니라… 이는 둘째 날이니라… 하나님의 형상대로 사람을 창조하시되 남자와 여자를 창조하시고… 이는 여섯째 날이니라… 하나님이 일곱째 날을 복 주사 거룩하게 하셨으니 이는… 만드시던 모든 일을 마치시고 이날에 안식하셨음이더라" 말씀하셨습니다.

일곱째 날의 안식은 하나님의 뜻에 따라 제정되었습니다. 하나님께서는 일곱째 날을 복 주시고 거룩하게 하셨습니다. 피조물인 사람이 이날을 지킴으로써 복을 받고 거룩함을 덧입을 수 있다는 뜻으로 말이지요. 천지 만물을 창조하신 창조주가 하나님이라는 사실을 기억하게 하시기 위함입니다.

안식일을 지키느냐, 아니냐의 여부는 곧 하나님을 창조주로 인정하느냐, 아니냐를 구분하는 척도가 되었습니다.

"안식일을 기억하여 거룩하게 지키라 엿새 동안은 힘써 네 모든 일을 행할 것이나 일곱째 날은 네 하나님 여호와의 안식일인즉 너나 네 아들이나 네 딸이나 네 남종이나 네 여종이나 네 가축이나 네 문안에 머무는 객이라도 아무 일도 하지 말라 이는 엿새 동안에 나 여호와가 하늘과 땅과 바다와 그 가운데 모든 것을 만들고 일곱째 날에 쉬었음이라 그러므로 나 여호와가 안식일을 복되게 하여 그날을 거룩하게 하였느니라"(출 20:8~11)

안식일을 정하신 것은 하나님이십니다. 그러므로 그날의 주인도 하나님이십니다. 하나님은 안식일을 정하시고 기억하라고 강조하셨는데, 그 이유가 거룩하게 하시기 위함이었습니다.

그렇다면 어떻게 하는 것이 거룩한 것일까요?

모든 일을 멈추는 것입니다. 그렇다고 아무 일도 해선 안 되며, 놀러 다녀서도 안 된다는 뜻일까요? 모처럼 휴일에 가족들과 모여서 놀러 간다거나 했다면 죄가 되는 걸까요?

"사람이 자기 집을 다스릴 줄 알지 못하면 어찌 하나님의 교회를 돌보리요"(딤전 3:5)

진리의 성령을 외면하고 구약의 기적만을 사모한다면 이는 바리새적 타락이 아니라고 말할 수 있을까요?

오늘날의 교회는 생명을 꺼트린 의식으로 '외식'하고 있으며, 숭고한 십자가의 희생은 묻히고 마치 영웅이라도 되는 양 목회자들만의 요란한 주일성수가 아니라고 말할 수 있을까요?

따지고 보면 구약의 안식일 성수가 신약에 와서 교회의 주일성수로 안주한 것이 아닌지요. 만약에 이것을 인정한다면 시간상의 의미만이 아니라 행위도 그대로 전수해야 하는 것 아닌가요?

주님의 부활 사건으로 구약의 율법에서 자유롭게 해방된 것을 알면서 시간상의 굴레를 지키려 하는 까닭이 무엇인지 이해할 수 없습니다. '정기'와 '안식일'이라고 하는 율법상의 '시간'은 주님의 은혜와는 아무런 상관도, 의미도 없습니다.

율법의 '때'에는 하나님께 드려지던 피조적인 제물들과 돌로 지은 성전과 육체의 시간이 거룩하기도 하였습니다. 그러나 주님의 성육신 사건 이후에도 여전히 제사를 받으셨는지 묻고 싶습니다.

주님은 안식일에 이적을 행하셨습니다. 바리새인들과 다투시기도 하셨습니다. 진정한 안식일을 위한 주님의 뜻이 거기에 담겨 있음이 진실입니다. 안식일에 쉬셨더라면 그런 다툼도 없으셨겠으나 그렇지 않으셨습니다.

주님은 단호하셨습니다. 습관적이며 종교적인 행위를 배척하셨습니다.

그러함에도 주일이라 하여 주님의 부활을 기념하는 7일 중 하루를 최소한의 시간으로 때우는 행위를 과연 기뻐하실까요?

주님은 자유로우시며 부활과 동시에 율법의 굴레를 벗으셨습니다. 우리도 그날을 주님과 함께하며 새로운 출발을 하는 게 맞습니다. 주님은 생명 안에 계시며, 그 안에서 만날 때 거룩함을 보게 될 것입니다.

"누가 우리를 그리스도의 사랑에서 끊으리요 환난이나 곤고나 박해나 기근이나 적신이나 위험이나 칼이랴 기록된바 우리가 종일 주를 위하여 죽임을 당하게 되며 도살당할 양 같이 여김을 받았나이다 함과 같으니라 그러나 이 모든 일에 우리를 사랑하시는 이로 말미암아 우리가 넉넉히 이기느니라 내가 확신하노니 사망이나 생명이나 천사들이나 권세자들이나 현재 일이나 장래 일이나 능력이나 높음이나 깊

이분법

음이나 다른 어떤 피조물이라도 우리를 우리 주 그리스도 예수 안에 있는 하나님의 사랑에서 끊을 수 없으리라"(롬 8:35~39)

이러한 바울의 고백이 우리와 상관없는 것 같지 않습니다.

말씀 곧 하나님이 육신인 사람으로 오셔서 우리의 죄(종교심)를 담당하신 후에는 주께서 입혀주신 '절대적인 거룩한 생명'으로 말미암아 '상대적인 거룩성'만을 지녔을 뿐인 모든 피조물과 율법도, 절기도, 안식일도 거룩한 성도들의 자격에는 못 미치는 것이 되었습니다. 그러므로 주일성수가 우리를 거룩하게 하는 것은 결코 아닙니다. 거룩하신 주님과 거룩한 성도로 인해 주일이 거룩해지는 것입니다.

"안식일은 사람을 위하여 있는 것이요 사람이 안식일을 위하여 있는 것이 아니니 이러므로 인자는 안식일에도 주인이니라"(막 2:27~28)

교회는 죄악이 만연한 세상에서 구별되어야 합니다. 유리하면 옳고, 불리하면 죄악시하는 것들을 철저하게 배척하고 진리의 기준에 설 수 있어야 합니다. 때는 바야흐로 나의 나 됨과 동시에 하나 됨의 조화와 통일을 추구해 나가는 믿음의 사람들을 필요로 합니다.

오늘도 주님은 우리를 향해 "일어서라. 나는 네가 일어서길 원한다. 변두리가 아닌 한가운데 나아오라. 하나님의 자녀로서 당당하게 살라" 말씀합니다.

[원하고 바라고 기도합니다]
이 세상을 살아가는 동안에 나의 힘을 의지할 수 없으니 / 기도하고 낙심하지 말 것은 주께서 참 소망이 되심이라 / 하나님의 꿈이 나의 비전이 되고 예수님의 성품이 나의 인격이 되고 성령님의 권능이 나의 능력이 되길 원하고 바라고 기도합니다

연애편지

　"하나님이 이르시되 우리의 형상을 따라 우리의
모양대로 우리가 사람을 만들고 그들로 바다의 물고기와 하늘의 새와
가축과 온 땅과 땅에 기는 모든 것을 다스리게 하자 하시고 하나님이
자기 형상 곧 하나님의 형상대로 사람을 창조하시되 남자와 여자를
창조하시고"(창 1:26~27)

　하나님이 인간을 만물보다 우위에 두셨으며 다스리라 명하신 것은
언약적 창조질서입니다. 하나님을 배역하는 인간의 죄성에도 불구하
고 하나님은 한 번도 그 언약을 깨뜨리지 않으셨습니다. 오히려 인간
을 죄에서 구원하시려고 십자가 사건을 허락하셨습니다.

　하나님은 왜 이렇게 인간에게 끊임없는 구애의 역사를 쓰고 계신
걸까요? 당신의 본체인 아들 예수가 피 흘려 죽기까지 말입니다.

　성경 전체를 관통하는 주제가 '사랑'입니다. 인간을 향한 하나님의
구원 역사서가 바로 성경입니다. 달리 표현한다면 나름대로 '연애편지'
라고 이름 붙이고 싶습니다. 그것도 일 대 일로 보낸 사랑의 고백 말
입니다. 하나님께서 인간인 우리에게 보내는 구구절절한 '사랑의 메시
지'가 성경 곳곳을 채우고 있지 않습니까?

'편지'라는 것은 반드시 받는 상대가 있습니다. 발신자가 있고 수신자가 있습니다. 또 본연의 목적이 누군가에게 보여주고 소통을 이어가고자 하는 뜻이 숨어 있습니다. 나 혼자 보기 위해 편지를 쓰지는 않을 테니까요.

하나님이 우리에게 편지를 보냈다는 것은 그 편지를 받는 우리와 어떤 형태로든 관계를 맺고자 하시는 뜻이 담겨 있습니다. 바로 소통입니다. 하나님은 우리와 소통하길 원하신다는 것입니다. 영적인 관계를 맺고 당신의 일을 하시고자 한다는 뜻 말이죠.

편지를 쓰는 사람은 자기의 내면을 상대에게 드러내게 됩니다. 그래서 읽는 사람의 마음에 닿게 되는 것이죠. 글에는 그런 힘이 있습니다.

성경도 글로 쓴 하나님의 생각이고 마음입니다. 그러니 글을 읽는 우리 마음에 닿아야 하나님과의 교통이 일어나게 되는 것이죠. 편지를 써 놓고 조금 늦게 부치는 편지처럼, 늦을 수는 있어도 도착하지 않는 편지는 없습니다.

"하나님이 우리를 사랑하시는 사랑을 우리가 알고 믿었노니 하나님은 사랑이시라 사랑 안에 거하는 자는 하나님 안에 거하고 하나님도 그의 안에 거하시느니라"(요1 4:16)

여기서 말하는 하나님의 사랑은 '십자가'가 그 증거입니다.

"우리가 아직 죄인 되었을 때에 그리스도께서 우리를 위하여 죽으심으로 하나님께서 우리에 대한 자기의 사랑을 확증하셨느니라"(롬 5:8) 하신 말씀을 통해 죽음보다 강한 사랑이 깃들어 있다는 것을 알게 하셨습니다.

또 "하나님의 사랑이 우리에게 이렇게 나타난 바 되었으니 하나님이 자기의 독생자를 세상에 보내심은 저로 말미암아 우리를 살리려 하심이라"(요1 4:9) 하신 부분도 마찬가지입니다.

그리하여 "오직 이것을 기록함은 너희로 예수께서 하나님의 아들 그리스도이심을 믿게 하려 함이요 또 너희로 믿고 그 이름을 힘입어 생명을 얻게 하려 함이니라"(요 20:31) 하시며 분명하게 하나님의 생각을 드러내셨습니다.

"너희가 성경에서 영생을 얻는 줄 생각하고 성경을 연구하거니와 이 성경이 곧 내게 대하여 증언하는 것이니라"(요 5:39) 하시며 우리의 취할 바도 말씀해주고 계십니다.

"예언은 언제든지 사람의 뜻으로 낸 것이 아니요 오직 성령의 감동하심을 받은 사람들이 하나님께 받아 말한 것임이라"(벧후 1:21)

"모든 성경은 하나님의 감동으로 된 것으로 교훈과 책망과 바르게 함과 의로 교육하기에 유익하니 이는 하나님의 사람으로 온전하게 하며 모든 선한 일을 행할 능력을 갖추게 하려 함이라"(딤후 3:16~17)

"너희는 여호와의 책을 찾아 읽어보라 이것들 가운데서 빠진 것이 하나도 없고 제 짝이 없는 것이 없으리니 이는 여호와의 입이 이를 명령하셨고 그의 영이 이것들을 모으셨음이라"(사 34:16)

이렇듯 인류 역사의 시작과 끝을 모두 성경에 기록하였다는 것을 가르쳐주셨습니다. 그러므로 하루에 밥 세 끼를 챙겨 먹듯이 성경 읽기를 입에서 떠나지 않도록 해야 합니다.

신앙은 기본적으로 절대자와 나의 독대에서 출발하므로 성경을 읽기 위해 신학적 지식이나 학문적 소양이 필요하지 않습니다. 그저 '하나님을 사랑하는 마음'만 있으면 되는 것입니다. 마음의 중심을 보시는 하나님께서 직접 가르쳐주십니다. 따라서 성경을 읽을 때는 삶의 의미를 묻는 근본적인 질문들을 앞세워 하나님과 대화할 수 있습니다. 하나님은 살아계시므로 믿음에 힘이 있어서 기적이 일어나는 이유입니다. 저마다 하나님을 알고자 한다면 성경을 통해 그 힘을 온전히 느끼게 될 것입니다.

성경을 읽으면 하나님을 알게 되고 관계를 통해 나누며 살아가는 행동 방식, 즉 사랑과 지혜를 그 안에서 터득하게 됩니다. 그러므로 인류 역사의 밀알로써 특별한 실존 방식은 사랑으로 살아가기를 결단하는 신앙입니다.

누구든지 연애 감정에 사로잡히면 상대에게 온통 관심이 쏠리게 마련입니다. 하나님이 우리를 사랑하사 모든 관심을 우리에게 두고 계십니다. 그 사랑을 우리가 받아들이기만 하면 되는 것입니다. 성경 곳곳에 등장하는 하나님을 향한 선지자들의 사랑 이야기가 나의 사랑 이야기로 치환될 때 우리의 삶은 언약 백성으로서 살아갈 수 있게 됩니다.

"너희는 저를 죽은 자 가운데서 살리시고 영광을 주신 하나님을 그리스도로 말미암아 믿는 자니 너희 믿음과 소망이 하나님께 있게 하셨느니라"(벧전 1:21)

하나님을 사랑하는 자라면 하나님이 무엇을 원하는지 알아내려고 노력할 것입니다. 하나님이 궁금한 사람은 성경을 찾아 읽지 않고는 배길 수 없을 것입니다. 누구든지 사랑하면 찾게 되고 궁금한 사람이 알아내려고 하는 건 당연합니다.

우리 인생도 사랑할 대상에게 충분한 사랑을 쏟았을 때라야 후회가 남지 않습니다. 그러나 사랑해야 할 대상을 사랑하지 못했다거나 안 했다면 훗날 그 부분을 가장 크게 후회하게 됩니다.

[찬송가 314장. 내 구주 예수를 더욱 사랑]

내 구주 예수를 더욱 사랑 / 엎드려 비는 말 들으소서 / 내 진정 소원이 내 구
주 예수를 더욱 사랑 더욱 사랑 / 이전엔 세상 낙 기뻤어도 / 지금 내 기쁨은
오직 예수 / 다만 내 비는 말 내 구주 예수를 더욱 사랑 더욱 사랑

성경은 결코 어려운 학문을 위한 책이 아닙니다. 찾으면 알게 되고
깨달아지는 하나님의 말씀입니다. 교회에 가서 듣고 흘려버리는 말씀
이 아닙니다. 들었으면 찾아서 내 말씀으로 받아들여 삶에 반영될 때
살아 있는 믿음이 됩니다.

"사랑은 하나님께 속한 것이니 사랑하는 자마다 하나님께로 나서 하
나님을 알고 사랑하지 아니하는 자는 하나님을 알지 못하나니 이는
하나님은 사랑이심이라"(요1 4:7)

내가 사랑해야 사랑입니다. 남의 사랑 이야기를 내 얘기처럼 말한
다고 해서 설레고 떨리는 감정이 일어날 리 없습니다. 남의 사랑이 내
사랑으로 치환될 수 없습니다. 목회자가 설교하는 하나님의 은혜는
목회자의 것입니다. 내 것이 아닙니다. 하나님의 사랑 고백을 내가 직
접 받았을 때 나의 사랑 이야기가 되고 은혜가 되는 것입니다.

"너는 그에게 말하고 그 입에 말을 주라 내가 네 입과 그의 입에 함
께 있어서 너의 행할 일을 가르치리라"(출 4:15)

목회자는 신도들이 하나님을 궁금하게 만들어 스스로 말씀을 찾아
가게 도와야 합니다. 가르치는 것은 성령의 몫이니 하나님께 맡겨드릴
일입니다.

신도들은 당연히 궁금하면 말씀을 찾을 것입니다. 말씀을 가르치는
주체자는 하나님이시므로 일 대 일 대화를 통해 성도들이 직접 하나

님의 뜻을 분명히 알 수 있도록 인도하는 것입니다. 그것이 목회자의 역할입니다. 그것이 예수 그리스도를 바르게 찾아가는 길입니다.

"이르시되 미련하고 선지자들이 말한 모든 것을 마음에 더디 믿는 자들이여 그리스도가 이런 고난을 받고 자기의 영광에 들어가야 할 것이 아니냐 하시고 이에 모세와 모든 선지자의 글로 시작하여 모든 성경에 쓴 바 자기에 관한 것을 자세히 설명하시니라"(눅 24:25~27)

성경은 하나님의 영(靈)이 말씀으로 온 것이므로, 그 영을 받아야 육으로 사는 것에 매이지 않는다고 하였습니다. 이는 우리가 육적인 존재인 동시에 영적인 존재임을 말해줍니다.

영적인 존재인 신과 관계를 맺는다는 것은 내면의 영적인 부분과 관계하는 것입니다. 즉, 의식 혹은 알아차림으로 신의 임재를 느끼게 되는 것이죠. 그러므로 하나님이 주시는 말씀을 일 대 일로 받아들여야 한다는 점입니다.

"대저 경계에 경계를 더하며 경계에 경계를 더하며 교훈에 교훈을 더하며 교훈에 교훈을 더하되 여기서도 조금, 저기서도 조금 하는구나 하는도다"(사 28:10)

그럼에도 교회에서는 성경을 근심과 염려가 많은 이들에게 이렇게 하라 저렇게 하라는 교훈으로 가르친다고 말씀합니다. 여기서 '경계'는 '조심하라'라는 뜻입니다.

모든 역할을 교회에 일임하고 "주를 믿음으로 천국에 갈 수 있다."라는 말을 입술에 달고 삽니다.

그렇다면 묻겠습니다. 주님을 믿는 일에 얼마나 공을 들이고 있나요?

또, 예수 믿고 천국 가겠다는 사람은 많은데 '천국'에 대해 얼마나 알고 있는지 묻고 싶습니다. 일단 믿으면 간다고 하니 가는 건가, 하는 막연한 생각이 다가 아닌지요.

잘 알지도 못하는 천국, 영원한 생명이신 주님을 우리는 이미 다 알고 있다는 식으로 위험천만한 자만심에 빠진 것은 아닌지요. 바리새인들처럼 말이죠.

"이 백성이 입술로는 나를 존경하되 마음은 내게서 멀도다 사람의 계명으로 교훈을 삼아 가르치니 나를 헛되이 경배하는도다 하였느니라 하시고"(마 15:8~9)

바리새인들은 메시아에 대한 환상만 가득할 뿐, 생명 진리를 추구하지 않았습니다. 그런 바리새인들을 하나님이 꾸짖은 말씀입니다.

이들이 예수를 대적하였다는 것은 성령 역사의 방향을 알지 못했기 때문입니다. 또한, 진리의 도를 알지 못했을 뿐 아니라 메시아를 알지 못한 까닭입니다. 그들은 메시아를 본 적도, 함께 지낸 적도 없기에 메시아라는 이름만 헛되이 지키며 수단과 방법을 가리지 않고 메시아의 본질을 대적하는 잘못을 저지른 것입니다.

이들과 마찬가지로, 오늘날의 우리가 오해하고 착각하는 것들이 있습니다.

과연 우리는 '하나님과 하나님 나라에 관하여 얼마나 아는가?' 자문해봐야 합니다. 눈을 감고 마음도 닫고 알려고도 하지 않았던 것은 아닌지, 지금껏 고작 관심을 보여 왔던 것은 성경이 아니라 종교심은 아니었는지, 믿으면 안 믿는 것보다 날 것 같아서, 혹은 믿는 자로 보이는 것이 여러 득이 있어서 등등 목적지향의 종교심으로 교회에 출석하는 게 아닌지요?

주님은 성경이라는 '책'을 주신 것이 아니라 '말씀'을 주셨습니다. 기독교라는 '종교'를 주신 것이 아니라 주님 자신인 '영원한 생명'을 주셨다는 사실을 새삼 상기시켜야 할 것입니다.

그렇다면 어떤 사람이 하나님을 진심으로 사랑하는 걸까요?

우리는 성경 속 인물인 다윗을 통해 그 면모를 들여다볼 수 있습니다.

다윗은 왕의 신분이었습니다. 더 많은 부귀영화에 욕심을 낼 수도 있었습니다. 그러나 그렇게 하지 않았습니다. 자신의 욕망을 위해 기도하지 않았습니다. 하나님을 전심으로 사랑하며 오직 주의 장막에 거하는 것, 곧 여호와 하나님과 함께하길 바랐습니다.

시편에 "나의 힘이 되신 여호와여 내가 주를 사랑하나이다 여호와는 나의 반석이시요 나의 요새시요 나를 건지시는 자시요 나의 하나님이시요 나의 피할 바위시요 나의 방패시요 나의 구원의 뿔이시요 나의 산성이시로다"라는 고백에서 그의 마음이 하나님 한 분만을 향해 있음을 알 수 있습니다.

다윗은 수많은 인생 역경을 지나는 동안에도 변함없이 하나님을 사모하는 마음을 드러내었습니다. 환란과 고난을 겪으면서도 끝까지 하나님을 마음에서 내려놓지 않았습니다. 시편 곳곳에 하나님을 향한 다윗의 애가(愛歌)로 가득 채워져 있음을 보게 됩니다. 어린 목동 시절부터 평생 마음의 중심에 하나님을 모시고 살았던 그는 오직 관심이 하나님을 향해 있었다는 것을 알 수 있습니다.

"다윗이 블레셋 사람에게 이르되 너는 칼과 창과 단창으로 내게 나아 오거니와 나는 만군의 여호와 이름 곧 네가 모욕하는 이스라엘 군대 하나님의 이름으로 네게 나아가노라"(삼상 17:45)

사울왕 앞에 불려가서도 다윗은 "살아계시는 하나님의 군대를 모욕한 이 할례받지 않은 블레셋 사람이리이까?"라며 누가 되었든지 간에 하나님을 모독하는 사람을 가만히 두고 보지 않겠다는 자세로 분연히 일어섰습니다.

다윗은 하나님을 사랑했으므로 무엇을 원하시는지 헤아렸습니다. 그런 다윗을 하나님도 사랑하셨으므로 그의 이름을 위대하게 만들어 주리라 약속하셨습니다.

"만군의 여호와께서 이와 같이 말씀하시기를 내가 너를 목장 곧 양을 따르는 데에서 데려다가 내 백성 이스라엘의 주권자로 삼고 네가 가는 모든 곳에서 내가 너와 함께 있어 네 모든 원수를 네 앞에서 멸한즉 땅에서 위대한 자들의 이름 같이 네 이름을 위대하게 만들어 주리라"(삼하 7:8~9)

하나님은 우리가 고통 중에 있을지라도 하나님에 관한 사랑이 신실하길 원하십니다.

[찬송가 413장. 내 평생에 가는 길]
내 평생에 가는 길 순탄하여 늘 잔잔한 강 같든지 / 큰 풍파로 무섭고 어렵든지 / 나의 영혼은 늘 편하다 / 내 영혼 평안해 내 영혼 내 영혼 평안해

예수님이 십자가에 돌아가셨을 때 제자들은 크게 낙담하였을 것입니다. 그때 부활하신 주님이 가장 먼저 제자들을 찾아오셨습니다.

베드로가 갈릴리 바다로 나가 고기를 잡고 있었는데, 예수께서 베드로에게 다가오셔서 물으셨습니다.

"요한의 아들 시몬아, 네가 이 사람들보다 나를 더 사랑하느냐?", "요한의 아들 시몬아, 네가 나를 사랑하느냐?". "요한의 아들 시몬아, 네가 나를 사랑하느냐?"(요 21:15~17)

부활 후 맨 처음 갈릴리바닷가로 나가 제자들을 만난 주님은 그들

과 함께 아침 식사하시며 떠오르는 태양을 보았을 것입니다. 그리고 고요한 바닷가에서 구운 생선과 보리떡을 떼는 그 순간은 그지없이 평온했으리라 짐작합니다.

혹여라도 그 평온이 깨어질까, 제자들은 이전처럼 "주님, 어디로 가실 것입니까?", "우리는 이제 어떻게 해야 합니까?" 하고 물을 수도 없었을 것입니다. 예수님과 함께한 그 순간만큼은 아무것도 생각하고 싶지 않았을 테니까요.

그런데 식사가 끝나갈 무렵 고요함을 깨고, 주님이 베드로에게 물으셨습니다. 그것도 베드로를 '요한의 아들 시몬'이라고 하셨습니다. 왜 그냥 베드로라고 부르지 않으신 걸까요?

'베드로'는 그가 처음 신앙고백을 했을 때 주님이 지어주신 이름입니다. 주님이 베드로를 요한의 아들 시몬이라고 불렀던 적이 또 있습니다.

제자들을 향해 "사람들이 인자를 누구라고 하느냐?"(마 16:13) 물으시자, 제자들이 "더러는 세례요한, 엘리야, 예레미야나 선지자 중의 하나라 하나이다"(마 16:14)라고 대답합니다.

예수께서 다시 "너희는 나를 누구라 하느냐?"라고 물으셨고, 베드로가 "주는 그리스도시요, 살아계신 하나님의 아들이십니다."라고 대답합니다.

그때 예수께서 베드로에게 이렇게 말씀합니다.

"바요나 시몬아 네가 복이 있도다 이를 네게 알게 한 이는 혈육이 아니요 하늘에 계신 내 아버지시니라 또 내가 네게 이르노니 너는 베드로라 내가 이 반석 위에 내 교회를 세우리니 음부의 권세가 이기지 못하리라"(마 16:17~18)

'바요나'라는 것은 '요한의 아들'이라는 뜻의 히브리어입니다. 그러니까 베드로의 아버지가 요한이고, 시몬은 원래 그의 이름을 가리킵니다.

가까운 사람들끼리의 호칭을 들어보면 서로의 관계가 어떠한지 대략 짐작해 볼 수 있습니다. 이름에는 성과 이름이 합쳐져 있습니다. 성은 그 사람의 문화를 의미하고 이름은 정체성을 의미합니다. 여기서도 예수님이 베드로의 정체성을 일깨우려 하신 의도로 읽힙니다.

주님은 왜 같은 질문을 반복하신 걸까요? 베드로의 다짐이나 결단을 받고자 그러신 걸까요?

그렇지 않습니다. 오히려 베드로를 긍휼히 여기시고 상처를 회복시키려 하셨습니다. 그 당시 베드로는 '예수를 모른다'라고 부인함으로써 자책과 고뇌에 빠져 있었을 것입니다. 자신의 연약함으로 낙담하고 있을 베드로의 심정을 누구보다 잘 아시는 주님입니다. 베드로를 향해 먼저 손을 내밀고 계신 것입니다.

주님은 우리를 향해서도 묻고 계십니다. 그리고 우리의 "주님, 제가 주님을 얼마나 사랑하는데요. 진심으로 주님을 사랑합니다"라는 고백을 듣고 싶어 하십니다. 우리가 입술로만 할 것이 아니라 신실한 마음과 믿음으로 다가갈 때 주님은 크게 기뻐하실 것입니다.

"네 마음을 다하고 목숨을 다하고 뜻을 다하여 주 너의 하나님을 사랑하라 하셨으니 이것이 크고 첫째 되는 계명이요"(마 22:37)

"아비나 어미를 나보다 더 사랑하는 자는 내게 합당치 아니하니라"(마 10:37~38)

사랑하는 자식이 부모에게 순종할 때 더욱 사랑함같이 하나님도 순종하는 자들에게 사랑을 베푸셨습니다. 에녹이 그랬고, 노아도, 아브라함도 하나님을 사랑하며 평생 친밀한 교제를 쌓으며 동행하는 삶을 살았습니다.

사도 요한이나 바울도 하나님을 뜨겁게 사랑한 사람입니다.

이렇게 하나님을 사랑하면 고상한 인생이 됩니다. 하나님과 사랑에 빠지면 하나님만 찾게 되고 하나님을 생각하며 그리워하면서 거룩해지는 것입니다.

하나님이 이스라엘 백성을 출애굽 시키신 이유도 같은 맥락입니다. 단순히 이스라엘 백성에게 자유를 부여하고 새 하늘과 새 땅을 주기 위함이 아닙니다. 깊은 사랑의 관계를 맺기 원하셔서 "나는 너희의 하나님이 되겠다. 너희는 내 백성이 되라." 말씀하신 것입니다.

성경 전체를 관통하는 주제가 '사랑'이라면, 구약은 사랑을 연결하는 '관계성'에 기인하고 있습니다.

관계성은 사랑을 위한 매개입니다. 관계라는 연결고리가 없이 사랑이 일어나지 않습니다. 모든 구원과 축복이 사랑의 관계에서 출발하고 있습니다. 하나님과의 관계를 통해 얻게 되는 구원과 축복이 성경 전체의 일관된 내용입니다.

하나님을 경외하는 믿음 안에서 관계가 무르익을 때 한없는 축복을 받았습니다. 그러나 관계에서 벗어나 우상을 숭배했을 때 저주와 진노를 받아 멸망에 이른 것을 볼 수 있습니다.

어떻게 해야 하나님과 깊은 사랑의 관계를 맺을 수 있을까요? 하나님이 원하시는 바를 분명히 알고 믿음으로 행하는 것입니다.

하나님은 우리가 '거룩'하길 원하십니다.

"너희는 거룩하라 나 여호와 너희 하나님이 거룩함이니라"(레 19:2)

레위기 전체에 걸쳐 90번이나 '거룩'이 언급됩니다. 거룩하고 속된 것, 부정한 것과 정결한 것을 분별하라는 명령입니다. 하나님의 택하심과 구원받은 백성으로서 세상에 속하여 살던 때와 같이 살지 말고 구별되어 거룩한 삶으로 변화되길 바라십니다.

[은혜 아니면]
어둠 속 헤매이던 내 영혼 갈길 몰라 방황할 때에 / 주의 십자가 영광의 그 빛이
나를 향해 비추어주셨네 / 주홍빛보다 더 붉은 내 죄 그리스도의 피로 씻기어 /
완전한 사랑 주님의 은혜로 새 생명 주께 얻었네 / 은혜 아니면 나 서지 못하네 /
십자가의 그 사랑 능력 아니면 나 서지 못하네

이스라엘 백성을 택하여 애굽에서 인도해 내실 때도 마찬가지였습니다. 하나님의 자녀로서 아버지와 아름다운 사랑의 관계를 맺고 구원과 축복을 주시고자 하신 것입니다.

"여호수아가 또 백성에게 이르되 너희는 자신을 성결하게 하라 여호와께서 내일 너희 가운데에 기이한 일들을 행하시리라"(수 3:5)

이스라엘 백성이 가나안 땅을 향해 진격할 때 요단강에 가로막혀 진퇴양난이었습니다. 하나님은 이때도 마른 땅을 내주시는 기적을 행하셨습니다.

"여호와의 언약궤를 멘 제사장들은 요단 가운데 마른 땅에 굳게 섰고 온 이스라엘 백성은 마른 땅으로 행하여 요단을 건너니라"(수 3:17)

여호수아는 요단강을 건너는 방법 두 가지를 백성에게 명령합니다. 첫째는 언약궤를 뒤따를 것과 둘째는 자신을 성결케 하라는 것이었습니다.

이는 기도와 하나님을 앞세우며 십자가의 대속의 은총만이 천국으로 가는 열쇠임을 우리에게 상징적으로 보여주는 사건입니다. 홍해 바다를 갈라 건너게 하신 것처럼 다시 한번 기적을 보여주신 것입니다. 거룩한 자들 속에서 일하시는 하나님의 원리를 여기서도 발견할 수

있습니다.

'거룩'은 어떤 의미로 말씀하신 걸까요?

'구별되라'라는 것입니다. 하나님 스스로 거룩하다고 하신 것은 다른 신들과 다르다는 것을 말씀하신 것입니다. 이스라엘 선민에게 거룩할 것을 명령하신 것도 다른 이방 민족들과 구별된 민족임을 자각시킨 것처럼 말이죠.

"그러므로 형제들아 내가 하나님의 모든 자비하심으로 너희를 권하노니 너희 몸을 하나님이 기뻐하시는 거룩한 산 제사로 드리라 이는 너희의 드릴 영적 예배니라 너희는 이 세대를 본받지 말고 오직 마음을 새롭게 함으로 변화를 받아 하나님의 선하시고 기뻐하시고 온전하신 뜻이 무엇인지 분별하도록 하라 내게 주신 은혜로 말미암아 너희 중 각 사람에게 말하노니 마땅히 생각할 그 이상의 생각을 품지 말고 오직 하나님께서 각 사람에게 나눠주신 믿음의 분량대로 지혜롭게 생각하라"(롬 12:1~13)

우리는 가인과 아벨의 제사를 기억합니다. 구약의 제사를 얘기하고자 함이 아닙니다. 하나님은 거룩하신 존재이므로 그분과 관계를 맺으려면 우리도 거룩해야 합니다. 죄에서 벗어나 하나님의 규율을 따르며 거룩하게 사는 것. 거룩한 존재가 되지 않으면 하나님과 소통할 수 없습니다.

[찬송가 382장. 너 근심 걱정 말아라]
너 근심 걱정 말아라 / 주 너를 지키리 / 주 날개 밑에 거하라 / 주 너를 지키리 / 주 너를 지키리 / 아무 때나 어디서나 주 너를 지키리 늘 지켜 주시리

거룩함은 의로운 행동이 수반되었을 때 나타납니다. 의와 진리에 따르는 행동을 통해 하나님의 도덕적 기준에 부합하듯 인간이 하나님과 화합하고 더 나은 삶을 살기 위해 따라야 하는 중요한 가치입니다.

우리가 어떻게 '의'를 얻을 수 있을까요?

예수를 믿는 믿음으로 말미암아 의로 나아갈 수 있습니다.

하나님은 나의 죄로 인해 막혔던 하나님과의 통로를 주님의 의에 의존함으로써 나아갈 수 있도록 허락하셨습니다. 의에 이르게 하는 열쇠로 믿음을 주셨고, 이는 예수 그리스도를 믿는 자들에게 부여하신 하나님의 속성을 나타냅니다.

예수를 믿음으로 말미암은 의는 인간이 자신의 죄와 결함을 인정하고 예수님을 구원자로 믿음으로써 인도받는 구원의 길이 되었습니다. 우리가 하나님과 화해되고, 새로운 생명을 얻어 영원한 삶을 누릴 수 있게 된 계기입니다.

"너희는 믿음 안에 있는가 너희 자신을 시험하고 너희 자신을 확증하라 예수 그리스도께서 너희 안에 계신 줄을 너희가 스스로 알지 못하느냐"(고후 13:5)

예수 그리스도를 따르려면 자기를 부인하고 자기 십자가를 질 뿐 아니라, 이를 지속할 수 있어야 합니다. 마음뿐만 아니라 행위에서도 지속성이 필요합니다. 우리가 예수를 주로 시인하고 매 순간 그분이 우리의 주인임을 인정할 수 있어야 합니다.

예를 들어, 영어권에 유학했던 사람이라도 계속해서 영어를 사용하지 않거나 기억하려고 노력하지 않는 한 잊어버립니다. 믿음도 이와 같습니다. 한때 믿었다는 사실이 오늘도 믿음 안에 있다는 말은 사실이 아닙니다. 지속적인 노력이 수반되어야 합니다.

사도 바울이 사울이었을 때 하나님의 말씀을 듣고 스스로 뒤집혔고 변화되었습니다. 그것처럼 각 사람이 스스로 뒤집히고 변화해야 합니다. 그런데 교회가 가르치려고만 하므로 각 사람이 눈 뜨기를 포기하였습니다.

성경은 하나님 나라의 역사를 담고 있습니다. 한국인이라고 해도 한국사를 공부하지 않으면 역사를 알 수 없습니다. 게다가 단편씩 잘라서 누군가 이야기해주면 재미있게 듣고 단편 지식으론 알지 몰라도 듣기만 한 것은 쉽게 잊어버립니다.

성경도 목사님의 설교나 다른 사람이 설명해주는 단편만으로는 백날 같은 자리를 맴돌 뿐입니다. 코끼리를 보지 못한 채 코끼리의 코나 다리의 일부만 만져보고 안다는 착각에 빠지고 맙니다.

"볼지어다 내가 문밖에 서서 두드리노니 누구든지 내 음성을 듣고 문을 열면 내가 그에게로 들어가 그로 더불어 먹고 그는 나로 더불어 먹으리라"(마 25:6)

신약의 핵심 구절인 "성령이 너희에게 임하시면 너희가 권능을 받고 온 유대와 사마리아와 땅끝까지 내 증인이 되리라"(행 1:8) 하신 말씀을 역으로 생각했을 때, 성령이 임하지 않으면 어떤 말도 알아듣지 못한다는 의미이기도 합니다.

비단, 하나님과 이스라엘 관계뿐만 아니라 세상 사람들과의 관계도 마찬가지입니다. 청춘 남녀가 결혼할 때 상대방이 좋아서, 사랑해서 결혼하지 않고 그의 배경에 마음을 두었다면 순수한 결혼이라고 할 수 없습니다.

사랑이 아닌 관계에는 반드시 목적이 있게 마련입니다. 목적을 가지고 관계를 맺는 경우라면 이용하는 것이 됩니다. 따라서 하나님은 살아계신 인격체이시고 우리를 먼저 사랑하신 분입니다. 하나님을 단순히 자신의 안위를 위한 대상으로 섬겨서는 안 되는 까닭입니다.

성령의 임재를 스스로 알아차린다는 것은 서로 나눔의 행위를 전제한 것입니다. 그 나눔이 복음 전파의 시작입니다. 나눔 가운데 하나님에 관한 고백이 은혜로 덧입혀지는 역사가 일어나게 됩니다.

나눔을 위한 시작은 성령의 임재를 알아채는 것입니다. 각 사람에게 성령의 역사가 임할 수 있도록 목회자의 터치가 중요한 역할을 하게 됩니다.

사실, 여기서 벗어나서 가르치는 데만 열심인 목회자는 방해꾼에 지나지 않습니다. 하나님이 하실 일을 가로채는 것이기 때문이죠. 교회는 하나님 말씀을 성도 간에 서로 간증하는 장소, 곧 건물 자체의 공간이면 충분합니다.

교회는 강대상을 목회자에게만 허락할 것이 아니라 성도들에게 내주어야 합니다. 맘껏 하나님을 자랑하는 무대로 사용할 수 있도록 말이죠. 그럴 때 하나님을 만난 기쁨을 나누고 은혜가 충만한 교회로 변화될 것입니다. 그것만이 목회자의 입에서 나오는 말씀만 받아먹으려는 그릇된 성도들을 깨울 수 있습니다.

자녀가 정직하고 바른 사람으로 자라길 원치 않는 부모가 있을까요?

하나님도 마찬가지입니다. 우리를 제사장으로 세우신 것은 제사장 노릇이 아닌 바른 제사장이 되길 원하신 것입니다.

교회는 성도들을 어떻게 제사장으로 만들어 제단에 세울지 연구하는 곳입니다. 하나님이 사랑하는 금쪽같은 자녀들 즉, 성도 한 사람 한 사람이 세상에서 자신감을 가지고 당당하게 살아가도록 동기를 부여하는 곳입니다.

목사님이 설교 후에 "내가 한 이야기가 당신의 것이 되길 원합니다. 아멘 하십시오."라고 하면, 우리는 '아멘'을 따라 외칩니다. 하지만 내 것이 될 수는 없습니다.

내가 속말을 털어놔야 편합니다. 그렇지 않으면 속병이 나고 외롭고 우울합니다. 왜 그럴까요?

하나님은 완전한 일(1)이지만, 사람은 영(0)이라서 그렇습니다. 하나님 없이 불완전한 존재죠. 그래서 줄 수 없음은 물론, 채워줄 존재가 필요합니다.

보물이신 하나님을 내가 발견해야 기쁨이 충만해집니다. 진정한 기쁨은 파급력이 있어서 나누면서 교감하게 됩니다. 그런데 다른 사람이 발견한 보물이 내 것이 될 수 있을까요? 내 안에 기쁨이 일어날까요? 어림없습니다.

목회자의 설교 역시 자신이 받은 은혜를 하나님을 대입해서 전하는 것뿐입니다. 목회자가 자신의 이야기를 하듯이 성도들이 하고 싶은 이야기를 할 수 있어야 합니다. 그 기회를 마련해 줘야 하는 곳이 교회입니다. 하나님께서 원하신 '만인 제사장'으로 나아온 각 사람에게 하나님이 직접 터치하실 수 있도록 말이죠.

그런데, 목회자가 들려주는 설교로 만족하는 성도들이 있습니다. 성경을 꼭꼭 씹어주는 걸 좋아합니다. 그런 성도들이 하나님의 자녀라는 자부심을 가질 리 없습니다. 이는 울타리 안에 누군가와 함께 있으나 내가 없고 우리만 있는 상황입니다. '내'가 없고 '우리'라는 교회만 있는 것과 매한가지입니다.

세상은 이상이 아닌 일상입니다. 일상에는 '우리'가 아닌 '내'가 있습니다. 내가 속해 있는 일상의 하루하루를 스스로 관리하는 데 좀 더

적극적이어야 합니다. 회사에서도 내가 소속감을 느낄 때 보람과 기쁨이 있습니다. 한 명 한 명이 소속감을 가지고 일해야 회사가 성장하는 것과 같은 이치입니다.

[찬송가 534장. 주님 찾아오셨네]
주님 찾아오셨네 / 모시어 들이세 / 가시관을 쓰셨네 / 모시어 들이세 / 우리 죄를 속하러 십자가를 지셨네 / 받은 고난 크셔라 / 모시어 들이세

그리스도 예수가 이 땅에 오신 것은 죄인 된 '나'를 살리기 위함입니다. 나를 사랑하사 내가 기뻐할 때도, 울고 있을 때도, 힘들 때도 찾아오십니다. 주님이 오신 것을 알아차리고 맞아들일 때 영적으로 눈을 뜨고 축복도 누릴 수 있습니다.

교회에 가서 예배만 잘 드리면 축복받는 줄로 착각합니다. 떡 줄 사람은 생각지도 않는데 김칫국 먼저 마시는 격입니다. 지금까지 기복신앙에 매달려 종교적으로 생활해온 탓입니다.

교회도 마찬가지입니다. 회개, 십자가, 예수의 보혈보다 중요한 게 많습니다. 잘 먹고 잘사는 세속적인 일에 더 관심을 기울입니다. 제사보다 잿밥만 강조합니다. 예수 중심이 아닌 사람 중심의 교회들입니다. 성경보다 사람의 말이나 가르침을 더 많이 나누고, 헌금과 봉사를 따지며, 권위적인 목사를 맹목적으로 따르도록 가르칩니다. 바로 요한계시록 3장에서 하나님이 크게 꾸짖으신 '라오디게아 교회' 같은 곳입니다.

라오디게아는 '사람의 비위'를 맞추는 교회를 뜻합니다. 이러한 교회에는 자신의 사욕을 따르는 사람들은 많이 모일지 모르나, 본질에서

멀어지게 마련입니다.

주님은 아멘도, 충성도, 참된 증인도, 그리고 창조의 근본 목적도 다 잃어버린 교회와 교인들을 향해 가식과 무미건조한 신앙생활을 지적하시며 회개를 촉구하셨습니다.

종교적이고 병든 교회를 위해 믿는 이들의 더 많은 기도가 필요합니다. 이들이 진리이신 예수님께로 돌아오게 해달라고 매달려야 합니다. 우리가 속해 있는 이 세상에도, 그리고 영원한 생명인 천국에도 들어갈 수 있도록 말이죠.

주님은 이 순간에도 우리를 향해 끊임없이 구애하고 계십니다. 성경 속에 마음과 뜻을 담아서 열심히 '연애편지'를 보내고 계십니다. 각 사람에게 다양한 사랑의 표현을 수없이 보내고 계십니다.

"사랑은 여기 있으니 우리가 하나님을 사랑한 것이 아니요 하나님이 우리를 사랑하사 우리 죄를 속하기 위하여 화목 제물로 그 아들을 보내셨음이라"(요1 4:10)

"우리가 사랑함은 그가 먼저 우리를 사랑하셨음이라"(요1 4:19)

예수께서 세 번씩이나 네가 나를 사랑하냐고 물으신 것도, 시몬의 아들 베드로가 결코 주님을 사랑할 수 없다는 것을 드러내신 것입니다. 결국, 내가 너를 사랑하고 내가 너를 붙잡고 끌고 가겠다는 예수님의 완벽한 사랑 고백입니다.

"내가 확신하노니 사망이나 생명이나 천사들이나 권세자들이나 현재 일이나 장래 일이나 능력이나 높음이나 깊음이나 다른 어떤 피조물이라도 우리를 우리 주 그리스도 예수 안에 있는 하나님의 사랑에서 끊을 수 없으리라"(롬 8:38~39)

개인적으로 성경을 연애편지라고 표현했지만, 가장 적합한 단어가 아닌가 싶습니다.

연애편지는 극히 개인적인 서신입니다. 성경도 읽는 사람마다 느끼고 깨닫는 부분이 다 다를 수 있습니다. 그게 당연합니다. 그런데 교회에서 획일적으로 가르치고 있는 상황입니다.

더구나 율법인 구약과 달리 신약은 법전이 아닌데 말이죠. 신약은 편지이고, 그중에서도 연애편지입니다.

애인을 만나고 싶으면 약속 장소에 나가야 합니다. 하나님도 만나고 싶으면 성경을 읽어야 합니다. 성경을 읽지도 않고 대화도 하지 않는데 하나님을 어떻게 알 수 있을까요. 하나님을 알고 싶어 견딜 수 없어야 만날 수 있습니다. 하나님을 만나서 대화하는 사람이 진정 '믿는 사람'입니다.

하나님의 사랑은 우정을 말하는 필레오(Phileo)를 초월한 사랑이며, 부모가 자식을 아끼는 스토르게(Storge)도 초월한 '아가페(Agape)' 사랑입니다.

"사랑은 여기 있으니 우리가 하나님을 사랑한 것이 아니요 오직 하나님이 우리를 사랑하사 우리 죄를 위하여 화목제로 그 아들을 보내셨음이니라"(요1 4:10)

하나님을 사랑하면 두려움이 사라집니다.

"사랑 안에 두려움이 없고 온전한 사랑이 두려움을 내어 쫓나니 두려움에는 형벌이 있음이라 두려워하는 자는 사랑 안에서 온전히 이루지 못하였느니라"(요1 4:18)

또 하나님을 사랑하면 담대해집니다. 하나님께 집중함으로써 그 어떤 어려움이 닥쳐도 뚫고 나갈 의지가 생깁니다. 순교자들이 그 본보기입니다. 다윗이 만군의 여호와 이름으로 험난한 난관을 헤쳐 나간 것과 같은 용기가 생깁니다. 이것이 변화입니다.

"하나님을 사랑하는 것은 이것이니 우리가 그의 계명들을 지키는 것이라 그의 계명들은 무거운 것이 아니로다"(요1 5:3)

"나의 계명을 지키는 자라야 나를 사랑하는 자니 나를 사랑하는 자는 내 아버지께 사랑을 받을 것이요 나도 그를 사랑하여 그에게 나를 나타내리라"(요 14:21)

하나님이 원하는 건 사랑입니다. 하나님을 뜨겁게 사랑할 때 축복의 은혜가 임합니다.

"너희가 내 안에 거하고 내 말이 너희 안에 거하면 무엇이든지 원하는 대로 구하라 그리하면 이루리라"(요 15:7)

하나님을 사랑한 다윗의 고백입니다.

"나의 힘이 되신 여호와여 내가 주를 사랑하나이다 여호와는 나의 반석이시요 나의 요새시요 나를 건지시는 자시요 나의 하나님이시요 나의 피할 바위시요 나의 방패시요 나의 구원의 뿔이시요 나의 산성이시로다"(시 18:1~2)

언젠가 TV에서 60년 만에 이산가족이 상봉하는 장면을 방영한 적이 있습니다. 같은 혈육이 반가움에 얼싸안고 감격의 눈물을 흘립니다. 우리도 영원한 생명을 부여하신 하나님 아버지를 만난 기쁨의 감격을 누릴 수 있어야 합니다.

[복음성가. 깨뜨린 옥합]
내가 주님 앞에 무엇입니까 / 마른 막대기가 아닙니까 / 내가 주님 앞에 쓸모없었던 타다 남은 재가 아닙니까 / 나를 도우소서 일으키소서 나와 동행하사 힘주시고 내 영혼 기쁨을 얻게 하시어 내 영혼 만족케 하옵소서 / 내가 주님 앞에 무엇입

니까 / 주님의 어린 종 아닙니까 / 나는 주님 앞에 길 헤매이던 미련한 어린양 아닙니까 / 나를 도우소서 일으키소서 나와 동행하사 힘주시고 내 영혼 기쁨을 얻게 하시어 내 영혼 만족케 하옵소서 / 내가 주님 앞에 무엇입니까 / 보혈로 사신 자 아닙니까 / 나는 주님 앞에 깨뜨린 옥합 드려진 사람이 아닙니까 / 나를 도우소서 일으키소서 나와 동행하사 힘주시고 내 영혼 기쁨을 얻게 하시어 내 영혼 만족케 하옵소서

대장부

다윗왕이 사랑하는 아들 솔로몬에게 마지막으로 당부한 말이 있습니다. "대장부가 돼라."라는 것이었습니다.

"다윗이 죽을 날이 임박하매 그의 아들 솔로몬에게 명령하여 이르되 내가 이제 세상 모든 사람이 가는 길로 가게 되었노니 너는 힘써 대장부가 되고 네 하나님 여호와의 명령을 지켜 그 길로 행하여 그 법률과 계명과 율례와 증거를 모세의 율법에 기록된 대로 지키라 그리하면 네가 무엇을 하든지 어디로 가든지 형통할지라"(왕상 2:1~3)

죽음을 앞두고 한 말이므로 일생에 가장 진지한 부탁이었을 것입니다.

다윗은 왕으로서 아들에게 왕권을 잘 지키라고 얘기할 법도 한데 그렇지 않았습니다. 힘써 대장부가 되기를 바랐습니다. 오늘을 사는 우리에게도 매우 중요하고 도전적인 말이 아닐 수 없습니다.

대장부라고 하면 기골이 장대한 사람, 젊거나 적어도 장년인 사람, 사자를 무찌르고 대적들과 싸울 때마다 백전백승을 거둘 때의 삼손 같은 사람들을 먼저 떠올릴 수 있습니다. 그러나 반드시 그렇지만은 않습니다. 하나님 앞에서 겸손할 때 더 대장부다운 모습을 봅니다.

다윗이 물맷돌 몇 개를 가지고 골리앗을 물리칠 때 대장부다웠습니다. 그런 그가 이제는 노쇠해져 곧 숨을 거두는 순간에 직면해서도 변함없이 대장부다운 면모를 보여주었습니다.

다윗은 "내가 이제 세상 모든 사람의 가는 길로 가게 되었으니."라며 죽음을 용기 있게, 담담하게 받아들이고 있습니다. 아쉬워하거나 발버둥 치지 않습니다. "하나님이 부르실 때가 되었으니까, 하나님이 부르시니까 가야지!" 하는 성숙한 대장부의 모습입니다. 자신이 대장부다운 삶을 살았으므로 아들에게 "너는 힘써 대장부가 되어라." 당부할 수 있었던 것입니다.

삶은 영적 전쟁입니다. 하나님을 의지하지 않고는 왕권이든, 그 무엇도 지켜 행할 수 없다는 것을 다윗은 잘 알고 있었습니다. 하나님의 대명을 지키려면 강하고 담대해지지 않으면 안 되었기에 강조한 것입니다.

다윗이야말로 누구보다도 전쟁을 많이 치러낸 왕입니다. 그가 치른 전쟁은 구속사적으로 모두 영적 전쟁이었습니다. 두려워 떤다면 그러한 전쟁을 감당할 수 없다는 것을 잘 알았습니다.

두려움을 가진 자는 전쟁을 할 수 없습니다. 우리의 삶도 영적 전쟁입니다. 믿음으로 정직하게 살면 손해를 당해야 하는 시대입니다. 힘써 대장부가 되지 않으면 믿음을 지키며 살아가기가 쉽지 않습니다. 하나님의 사람으로서 정체성이 확고하고 말씀에 순종할 때 대장부로 살아갈 수 있습니다.

더구나 하나님은 그냥 대장부가 되라고 하시지 않았다는 점에 주목하게 됩니다.

"내가 네게 명령한 것이 아니냐 강하고 담대하라 두려워하지 말며 놀라지 말라 네가 어디로 가든지 네 하나님 여호와가 너와 함께 하느니라"(수 1:9)

대장부

하나님은 분명 "너와 함께하신다."라고 약속하셨습니다. 따라서 믿음이 확고하다면 강하고 담대할 수 있습니다.

더욱이 '힘써' 행할 것을 강조하셨습니다. 그만큼 대장부로 사는 게 쉽지 않다는 것을 의미합니다.

힘쓴다는 것은 임마누엘의 하나님을 만나고 경험하는 것입니다. 할 수만 있다면 우리의 자라나는 자녀들이 하나님의 말씀을 구구단처럼 필요할 때마다 말씀을 꺼내 일상생활에서 함께하시는 하나님을 체험할 수 있도록 하는 것이 지혜입니다. 삶의 고비마다 살아계신 하나님을 만날 기회를 부여하는 것이죠.

우리의 자녀들이 다윗처럼 영적 전쟁의 선봉에 서서 믿음의 선한 싸움을 싸워나가길 원한다면 임마누엘의 신앙으로 키워야 합니다. 어릴 때부터 강하게, 힘써 대장부가 되길 바란다면 말입니다.

"너는 강하고 담대하라 너는 이 백성을 거느리고 여호와께서 그들의 조상에게 주리라고 맹세하신 땅에 들어가서 그들에게 그 땅을 차지하게 하라"(신 31:7)

모세도 여호수아가 가나안의 원주민을 몰아내는 영적 전쟁을 해야 했으므로 강하고 담대하길 바랐습니다.

[찬송가 344장. 믿음으로 가리라]
믿음으로 가리라 주님 가신 고난의 길 / 주님 말씀 붙잡고 승리하며 살아가리 / 주님 앞에 나아가 무릎 꿇어 간구하고 겸손하게 주님 섬겨 새 힘을 얻으리라

다윗은 또 하나 "멀리해야 할 사람과 가까이해야 할 사람을 분별하라."라는 유언을 남겼습니다. 경계해야 할 사람과 은혜를 베풀어야 할

사람이 누구인지 구별할 것을 당부했습니다.

이 두 가지는 솔로몬이 이스라엘의 새 통치자로서 국가의 성운이 갈릴 수 있는 화두였기에 세상을 떠날 때까지 근심한 부분임을 알 수 있습니다.

"내가 해 아래에서 내가 한 모든 수고를 미워하였노니 이는 내 뒤를 이을 이에게 남겨 주게 됨이라 그 사람이 지혜자일지, 우매자일지야 누가 알랴마는 내가 해 아래에서 내 지혜를 다하여 수고한 모든 결과를 그가 다 관리하리니 이것도 헛되도다"(전 2:18)

여기서 '지혜자'는 '하나님을 아는 자'이며, '우매자'는 '하나님을 모르는 자'를 가리킵니다. 하나님을 아는 일이 중요한데, 그렇지 않다면 안타까운 일이라는 것입니다.

국가가 있어야 개인도 있듯이, 하나님 나라가 중요합니다. 하나님은 토기장이고 우리는 종지입니다. 각자가 자신 안에 담긴 예수의 상(像)을 발견해야 하는 이유입니다.

당신은 어떤 그릇이고 당신 안에는 뭐가 담겨 있습니까?

그것을 '아는가? 모르는가?', '지혜자인가? 우매자인가?' 둘 중 하나입니다. 그 차이를 이분법에 대입해보면 내가 어디에 속하는지 알아차리게 될 것입니다.

누구는 하루 살기 바쁘고, 제각기 방향을 정하고 나아가지만, 꿈꿀 수 있는 권리가 허락되고 공평하게 찾아온 선물을 받는 자가 없습니다. 자신의 한계를 스스로 그어놓고 눈물로 얼룩진 실패한 인생을 탓하며 스스로 아름답게 살아갈 운명을 명멸하도록 방관합니다. 세상에서 받은 상처로 몸부림치며 매몰차게 생채기 난 가슴을 부여안고 살아갑니다. 건조하고 무딘 가슴으로 살아가는 길만이 상처받지 않는다고 생각하는 듯이 말이죠.

그러나 인생이 길지 않습니다. 망설일 시간이 없습니다. 그래서 내가 찾아가는 길은 더디고 멀게만 느껴집니다. 그렇다고 하더라도 헤매며 찾아간 길은 잊히지 않는다는 사실입니다.

교회에서 들은 것은 쉽게 잊어버립니다. 목회자가 가르쳐주는 성경은 잊어버릴 수밖에 없습니다. 누군가 데려다준 길을 다시 찾아가려고 한다면 오래도록 헤맬 뿐입니다. 헛수고입니다.

목회자의 가르침은 코끼리의 어느 한 부분만 바라보며 듣는 얘기나 매한가지입니다. 이것을 가리켜 "미련이 먼저 오고 지혜가 나중에 온다."라는 속담에 비유하기도 합니다.

감정이나 충동적인 판단으로 우를 범하는 인간의 속성은 감정의 지배를 받습니다. 많은 경우 우리는 감정적인 요소에 매우 민감하게 반응하며, 이러한 감정은 말 그대로 미련으로 이어집니다. 그러나 시간이 지나 연륜이 쌓인 후에는 달리 판단이 되는 경우가 허다합니다. 생각이 얄팍한 사람의 판단에 허점이 많음을 누구나 자인하게 될 때 이 속담을 상기하게 되는 것이죠.

우리가 교회에서 배우는 믿음은 단순한 훈련에 지나지 않습니다. 실전 없는 훈련입니다. 그래서 제자리걸음만 할 뿐입니다. 실전 체험 없이 올챙이의 다리는 나오지 않습니다. 더구나 육안으로는 볼 수 없는 하나님입니다. 아무리 육체적인 훈련을 한들 영의 눈이 밝아질 수 있을까요?

보이지 않는 하나님을 어찌 영의 눈을 감은 채 알아볼 수 있단 말인가요. 보이는 것도 다 모르는 게 사람인데 말이죠. 하나님을 탐구하며 영의 눈이 밝아져서 하나님을 알아볼 수 있을 때 성숙한 믿음으로 나아갈 수 있습니다.

성경을 통해 하나님은 끝없이 속삭이고 계십니다.

"내가 너희를 얼마나 사랑하는지 아느냐?"

우리는 모두 '금쪽이'입니다. 하나님의 금쪽같은 자녀입니다. 이것이 나의 정체성입니다. 우리가 하나님에 대해 알면 알수록 자신의 정체성을 발견하게 됩니다. 존귀하나 깨닫지 못하면 멸망하는 짐승과 같습니다.

너와 나는 소중한 존재입니다. 하나님께서 자신의 목숨과 맞바꿀 정도로 사랑하는 존재들입니다. 그것을 스스로 발견하고 깨달아야 합니다. 아무리 신학을 공부한 사람이라고 할지라도 하나님께서 우리를 얼마나 사랑하는지 가르쳐주지는 못합니다. 그 사랑을 내가 깨닫지 못하면 소용이 없습니다.

그래서 교회가 혹은 목회자가 열심히 가르쳐도 사람을 변화시키지 못하는 것입니다. 인간이 변화되는 것은 하나님만이 하실 수 있는 일입니다. 그러니 교회는 한 사람, 한 사람의 영혼을 귀히 여길 일입니다. 각 사람의 존재를 영화롭게 할 일입니다. 각 사람의 영혼이 영화로운 존재가 될 때 하나님을 영화롭게 할 수 있습니다.

하지만 오늘날의 교회는 자꾸 거꾸로 갑니다. 하나님을 만난 이들조차도 신학을 공부하고 목회자가 된 이후에는 하나님의 은혜가 자신 안에 머무는 경우가 많습니다. 자신이 하나님을 만난 것처럼 한 사람이라도 하나님 앞으로 인도해 내는 게 아니라 자신의 의를 세우는 일에 매진하는 모습을 목격합니다.

하나님을 만나 영화로워졌으니 성도들을 영화롭게 만드는 일에 힘써야 마땅합니다. 그러나 안타깝게도 성도들에게 그러한 기회를 주는 존재가 아닌 빼앗는 존재가 되고 맙니다. 참으로 아이러니한 현실이 반복되고 있습니다.

하나님은 우리와는 전혀 다른 차원의 존재이십니다. 세례요한은 "자기는 그저, 소리."라고 했습니다.

"그때에 세례 요한이 이르러 유대 광야에서 전파하여 가로되 회개하라 천국이 가까왔느니라 하였으니 저는 선지자 이사야로 말씀하신 자라 일렀으되 광야에 외치는 자의 소리가 있어 가로되 너희는 주의 길을 예비하라 그의 첩경을 평탄케 하라 하였느니라"(마 3:1~4)

각 사람이 '자기 소리'를 내며 살아갈 뿐입니다.

"형제들아 내가 여러 번 너희에게 가고자 한 것을 너희가 모르기를 원치 아니하노니 이는 너희 중에서도 다른 이방인 중에서와 같이 열매를 맺게 하려 함이로되 지금까지 길이 막혔도다 헬라인이나 야만인이나 지혜 있는 자나 어리석은 자에게 다 내가 빚진 자라 그러므로 나는 할 수 있는 대로 로마에 있는 너희에게도 복음 전하기를 원하노라"(롬 1:13~15)

"그런즉 저희가 믿지 아니하는 이를 어찌 부르리요 듣지도 못한 이를 어찌 믿으리요 전파하는 자가 없이 어찌 들으리요 보내심을 받지 아니하였으면 어찌 전파하리요 기록된바 아름답도다 좋은 소식을 전하는 자들의 발이여 함과 같으니라 그러나 저희가 다 복음을 순종치 아니하였도다 이사야가 가로되 주여 우리의 전하는 바를 누가 믿었나이까 하였으니 그러므로 믿음은 들음에서 나며 들음은 그리스도의 말씀으로 말미암았느니라 그러나 내가 말하노니 그들이 듣지 아니하였느냐 그렇지 아니하니 그 소리가 온 땅에 퍼졌고 그 말씀이 땅끝까지 이르렀다 하였느니라"(롬 10:14~18)

하나님께서 각 사람을 일일이 깨워 들려주는 말씀입니다. 이것을 목회자가 들려준다고 믿음이 생기지 않습니다.

믿지 아니하는 이를 어찌 부르고, 듣지도 못한 이를 어찌 믿을 수 있겠냐고 말씀하셨습니다. 누구든지 주의 이름을 부르는 자가 구원을 얻는 것이 아니라 믿은 바를 전했을 때 얻어지는 선물이라는 것입니다.

우리는 하나님의 은혜에 힘입어 열매로 세상에 왔습니다.

열매는 씨앗을 품고 있습니다. 씨앗을 퍼뜨려야 하는 것이 열매의 운명입니다. 씨앗은 곧 나무입니다. 열매 맺지 못하면 씨앗도 없고 나무도 없습니다.

복음을 통해 열매 맺는 존재인 우리는 그 소명을 감당하고 있나요? 그렇지 못한 것 같습니다. 세상에 열매는 있으나 열매를 맺는 나무가 없어 황무지가 되었습니다.

열매를 맺어야 복음이 퍼져 나갈 수 있습니다. 교회는 열매를 맺을 수 있도록 각 사람을 세워주는 역할입니다. 그 역할을 통해 성도 한 사람 한 사람이 '내가 귀한 존재'라는 사실을 인지하도록 사기를 북돋워 주는 것이 필요합니다.

각자가 하나님의 부르심을 받은 대로 하나님을 영화롭게 하는 제사장으로 나서야 합니다.

하나님은 우리를 세상의 '왕'으로 보내셨습니다. 하나님의 자녀로서 권세를 주셨습니다. 그러므로 우리의 각 사람이 축복받은 왕 같은 제사장입니다.

교회는 성도들을 모두 제사장으로 만드는 것이 열매 맺는 사역에 힘쓰는 길입니다. 성도들이 대장부로 당당하게 세상과 맞서 싸워 빛과 소금의 역할을 할 수 있도록 세움받아야 합니다. 다윗왕이 솔로몬에게 대장부가 되기를 당부한 것처럼 말이죠.

하나님은 우리를 대장부로 만드셨습니다. 그러나 우리는 자아에 속고, 교회에 속았습니다. 현실에서 스스로 실패와 좌절, 실망을 겪으며 세뇌당하였습니다. 우리에게 주신 능력을 자각하지 못하고 세상의 엄청난 거짓말에 휩싸여 초라한 모습으로 살아가고 있습니다.

나이가 들면 연륜이 생기는 육신과 달리, 하나님을 모르면 영적으로 영원히 소경으로 살아갈 수밖에 없습니다. 분명 속은 채 살아가고 있다는 사실을 알아차려야만 합니다. 스스로 만든 거짓 자아에서 깨어나야 합니다. 스스로 그어놓은 한계선을 뛰어넘어야 합니다. 뛰어넘을 수 있는데 시도조차 하지 않기에 현실에서 벗어나지 못하고 있습니다.

우리는 하나님의 아들이고 딸입니다. 얼마든지 당당하게 대장부로 세상과 구별된 삶을 살아갈 수 있습니다.

그러함에도 현실은 어떤가요? 하나님이 부어주신 능력의 10%도 사용하지 못하고 세상을 떠나고 맙니다. 충분히 행복할 수 있고, 지금보다 더 많은 것을 누릴 수도 있지만 늘 불안한 자아와 낙망한 자기 모습에 주눅이 들어 깨우치지 못하고 있습니다.

이 순간에도 하나님은 우리를 향해 대장부가 되라고 명령하십니다. 당당하게 세상의 빛이 되어 살라고 요구하십니다. 그러니 속삭이는 거짓 영에 속지 말고 "나는 대장부다. 뭐든 할 수 있다. 위대한 일을 성취할 것이다."라고 당당하게 외칠 수 있어야 합니다.

나 자신을 스스로 통제할 수 있는 사람은 다른 사람에게 통제받지 않습니다. 즉 자유한 자입니다.

어떤 논제를 가지고 토론할 때 주제에서 벗어나지 않도록 리드하는 역할이 멘토입니다. 목회자가 멘토가 된다면 각 사람 안에 임재하신 하나님을 보게 될 것입니다. 그러므로 교회는 성도 각 사람이 체험한 하나님의 놀라운 은혜를 나눌 수 있도록 이끌어주면 되는 것입니다. 성도들의 이야기가 끊이지 않도록 경청하며 이끌어주면 됩니다.

경청은 집중해서 들어주는 것입니다. 경청은 특별한 힘을 가지고 있어서 대화의 결과에 영향을 미칩니다. 하나님과 나의 스토리를 풍부하게 엮어나갈 수 있도록 토론의 장이 될 때 믿음으로 하나 되는 교회가 됩니다. 하나님의 씨앗을 마음에 품은 자는 언젠가 그 씨앗을 뿌리게 마련이니까요.

이처럼 모든 사람이 은총을 얻는 가장 좋은 방법은 그들이 원하는 것을 말하는 것입니다. 그리고 집중해서 들어주는 사람이 되는 것입니다. 각각의 성도들이 말하고, 들어주며 '사랑의 관계'로 띠를 두를 때 하나가 될 수 있습니다.

할아버지가 되면 손주가 사랑스럽기 그지없습니다. 누구든지 '손주 바보'가 됩니다. 어디든 가는 곳마다 손주를 이야기합니다. 하나님을 사랑하는 자마다 하나님의 영이 그 안에 부어지므로 하나님의 이야기를 하게 되어 있습니다.

그러니 예배만 드린다고 능사가 아닙니다. 교회나 목회자에게서 하나님을 찾을 수 있는 게 아닙니다. 교회에 가서 듣고 잊어버리는 반복적인 종교 생활에서 돌아서야 합니다.

성도들이 무지함에서 깨어날 때 교회는 성장할 것이며, 진정한 하나님의 역사하심을 목격하게 될 것입니다. 기적은 경청에서 나옵니다.

교회와 목회자는 더는 가르치려는 열심에서 자기를 내려놓아야 합니다. 한발 물러나 성도들을 앞세워야 합니다. 하나님의 은혜를 맘껏 간증하도록 해주십시오. 그 간증에 모두가 귀를 기울여 경청할 때 복음의 씨앗이 퍼져 나갈 것입니다.

2,000년 전 예수께서 세우신 예루살렘교회 혹은 안디옥교회 같은 초대교회(Early Church)는 뛰어난 복음의 사명자들이 대거 탄생하였

습니다. 당시의 대다수 교회는 내외적 성장과 변화 그리고 칭찬으로 날로 확장하던 때입니다.

이러한 교회들은 사람이 아닌 하나님을 의식하며 영적 교통을 중단하지 않았습니다. 생명력이 살아 있는 교회들의 부흥역사를 썼던 시대입니다. 말씀을 나누고 칭찬을 주고받으며 하나님을 영화롭게 하면서 꾸준히 발전하였습니다. 사도행전이 그 증거입니다.

더 하나님 중심, 더 말씀 중심, 더 교회 중심의 신앙을 위해 교회를 개혁한 우리에게 적어도 로마 가톨릭보다는 더 많은 구원 사역의 결실이 있을 것이며, 종교 개혁 당시보다 더 많은 믿음의 결실을 거둬야 할 것입니다.

바울이 사울일 때는 유대교를 섬겼습니다.

유대교는 하나님이 주신 규율, 율법을 지켜야 합니다. 율법에 규약을 613개나 만들었습니다. 이걸 지키는 사람이 되어야 했습니다. 못 지키면 그 죄를 속죄의 제물로 양을 드린 것이지요. 이는 법 행위와 같습니다.

성도들이 기억할 것은, 불완전한 이 규례들을 이 땅에 오신 예수로 말미암아 율법이 완성되었다는 사실입니다. 십자가 부활 사건으로 마침표를 찍었다는 것이 확실한 증거입니다. 이에 따라 우리가 죄에서 자유함을 얻은 것이 아닌지요.

그런데 교회는 '주일을 거룩하게 지켜라!' 하면서 주일성수를 강요하는데, 아무도 이의를 제기하지 않습니다.

교회에 출석하면 거룩한 것이고, 그렇지 못한 경우에는 죄인 취급까지 하는 건 성서에서 한참 벗어난 것이지만 의문조차 갖는 성도들이 없습니다.

"내가 그리스도와 함께 십자가에 못 박혔나니 그런즉 이제는 내가 사는 것이 아니요 오직 내 안에 그리스도께서 사시는 것이라 이제 내가 육체 가운데 사는 것은 나를 사랑하사 나를 위하여 자기 자신을 버리신 하나님의 아들을 믿는 믿음 안에서 사는 것이라 내가 하나님의 은혜를 폐하지 아니하노니 만일 의롭게 되는 것이 율법으로 말미암으면 그리스도께서 헛되이 죽으셨느니라"(갈 2:20~21)

일요일에 교회에 나와서 예배를 드려야 나머지 요일에 하는 일들이 복을 받기 때문에 그러는 걸까요? 그렇게 시간과 날짜가 중요한 걸까요? 그렇다고 한다면 하루하루가 몽땅 주의 날, 곧 주일이라거나 우리의 날이라고 한다면 더 거룩한 날이 많아지지 않을까요?

그렇지 않아도 짧은 한평생을 거룩한 날과 거룩하지 못한 날로 구분할 게 아니라 우리에게 주어진 모든 날을 거룩하게 관리하는 것이 더 성도의 직분에 바람직하지 않을까요?

신약에는 유대인들이 문자적이고 교리적으로 안식일을 지키는 것에 대해 경고합니다.

주님은 "안식일이 사람을 위해 있는 것이지, 안식일을 위해 사람이 있는 것이 아니다."라는 주의까지 주셨습니다. 안식일의 참된 의미와 정신을 일깨우신 것이죠.

주일은 쉬는 날입니다. "내가(하나님) 일하지 않고 휴식을 취한 것처럼 쉬라." 하는 날입니다. 온 가족이 모여 쉬면 됩니다.

교회는 여전히 교회에만 하나님이 계신 것처럼, 그래서 교회에 나가야만 하나님을 만날 수 있는 것처럼 여전히 '모여라.'만 외칩니다. 그러나 찬송가 가사에도 있듯이 하나님은 이미 "내 맘에 들어와 계시네." 입니다.

유대교는 613개를 잘 지키면 복을 준다고 가르칩니다. 그래서 잘못 가르치는 것을 보다못해 예수께서 이 땅에 오셨고 '서로 사랑하라.' 하시며 다시 가르치셨습니다. 그래서 예수께서 새롭게 완성하신 신약의 관점으로 읽는 성경 구절은 차원을 달리합니다.

예를 들면 이렇습니다.

"모세 율법에 곡식을 밟아 떠는 소에게 망을 씌우지 말라 기록하였으니 하나님께서 어찌 소들을 위하여 염려하심이냐 전혀 우리를 위하여 말씀하심이 아니냐"(고전 9:9~10)

위 말씀을 구약의 관점에서 보면 주님의 관심이 '소'에 있는 것 같습니다. 그러나 신약의 관점으로 보면 '전도자'입니다. 그러니까 '소'가 아닌 '전도자'로서, '곡식을 밟아 떠는 것'이 아니라 '복음을 전하는 것'으로써 말씀한 것입니다.

이렇게 구약의 구절이 새로운 옷을 갈아입고 나타납니다. 이는 몽학선생의 훈도를 받아야 하는 유치원생의 수준을 벗어난 성도라면 구약 성경을 읽되, 신약적인 관점에서 살펴야 한다는 것을 말해줍니다.

구약의 '글자' 위에 '신약적인 조명'을 비춰야 하겠고, 눈에 보이는 구약의 성전 위에 그리스도 예수의 '생명의 빛'을 드리워야만 합니다.

글자 그대로 믿는 것만이 잘 믿는 게 아닙니다. 영의 눈이 밝아지면 궁극적으로 나타내고자 하셨던 하나님의 섭리를 깨닫게 된다는 것을 알아차려야 합니다.

자기표현을 잘하는 아이에게 '똑똑하다', '영특하다'라는 수식어를 붙입니다. 그것처럼 우리가 예수를 믿으면 똑똑해지고 지혜로운 사람으로 변화되는 것입니다. 하나님이 "대장부가 돼라."라고 하신 것은 금쪽같은 내 자식을 대하는 부모의 마음과 다를 바 없습니다.

그 마음과 달리 우리는 영적으로 고아인 상태로 살아가고 있습니다.

하나님의 자녀라는 사실을 망각하고 있습니다. 하나님의 유일한 독생자 예수님과 형제 관계라는 사실이 놀라울 법도 한데, 그것조차 나와는 상관없다는 듯 살아갑니다. 그래서 우리가 구원받았는지 아닌지는 하나님의 자녀임을 깨닫느냐, 못 깨닫느냐와 같이 둘 중 하나입니다. 이분법에 대입해보면 금세 알 수 있습니다.

영의 눈이 밝아지면 자신의 존재 가치를 알아차리게 됩니다. 이전과 상반된 당당한 대장부로서 세상을 살아갈 뿐만 아니라 하나님의 자녀로서 누리게 될 축복을 다 받게 됩니다. 퍼낼수록 맑은 샘물이 솟아나는 우물의 바가지가 되어 보물을 퍼내기만 하면 되는 것입니다. 말씀이 바로 샘물이죠. 바가지는 복음이라 합니다.

"이르시되 너희는 나를 누구라 하느냐. 시몬 베드로가 대답하여 이르되 주는 그리스도시요 살아 계신 하나님의 아들이시니이다"(마 16:15~16)

"너희는 나를 누구나 하느냐?" 예수께서 물으셨고, 베드로가 "살아 계신 하나님의 아들입니다"라고 대답하였습니다.

그때 예수께서 "시몬아, 잘했다"라고 하시면서 시몬의 대답이 영의 눈을 밝혀준 하나님이라는 사실을 명확하게 짚어주십니다.

"예수께서 대답하여 이르시되 바요나 시몬아 네가 복이 있도다 이를 네게 알게 한 이는 혈육이 아니요 하늘에 계신 내 아버지시니라"(마 16:17)

시몬의 고백이 사람의 입술로 한 게 아니라 하나님께서 관여하셨다는 것을 분명히 깨닫도록 하신 것이죠.

베드로는 예수께서 물 위를 걸어오셨을 때도 '나도 걷게 해달라' 간청하여 실제 물 위를 몇 발짝 걸어보기까지 한 사람입니다. 그런데 예수께서 빌라도 법정에서 재판받으실 때 "예수를 모른다."라고 부인하였습니다. 그 전날에는 "죽을지언정 부인하지 않겠노라. 죽을 때까지 따라가겠다."라고 맹세까지 하고도 모두 허언이 되고 만 것이죠.

베드로는 예수의 공생애 3년간을 따라다니며 앉은뱅이를 일으키고, 소경이 눈을 뜨고, 오천 명을 먹이신 '오병이어(五餅二魚)'의 기적을 두 눈으로 똑똑히 지켜본 사람입니다. 그런데 한순간에 이를 망각한 나약한 인간에 불과하다는 것을 보여줍니다. 그런 그에게 예수님은 '양을 치라'는 임무를 주셨습니다. 그를 원망하지 않으셨고 품어주셨습니다. 그것이 주님의 사랑입니다.

한 시대를 풍미했던 어떤 위인일지라도 삶의 모습은 하늘 아래 있으며 하나님이 그려 놓은 원 안에 살다가 생을 마칠 뿐입니다. 내 안에 하나님이 임재하심을 깨닫는 순간 존귀함을 자각하게 되지만, 대부분은 자신이 누군지도 모르고 생을 마감하는 피조물이고 맙니다.

일찍이 하나님의 존재를 알고 스스로 그 가치를 발견함으로써 위대해진 인물이 있습니다. 노예제를 폐지한 미국의 제16대 대통령 에이브러헴 링컨이 대표적입니다.

그는 어떤 일을 하기 전에 먼저 하나님 앞에 무릎을 꿇고 기도했으며, 성경을 읽으며 위대한 정신을 소유했던 사람입니다. 그의 성품을 잘 나타내주는 유명한 게티즈버그 연설문은 민주주의 정신의 바이블이자 사라지지 않을 격언으로 오늘날에도 많은 이들에게 회자되고 있습니다.

"국민의, 국민에 의한, 국민을 위한 정부는 지구 상에서 결코 사라지지 않을 것이다(government of the people, by the people, for the people, shall not perish from the earth.)."

미국 남북전쟁이 진행되던 1863년 11월 19일, 격전지였던 펜실베이니아주의 게티즈버그에서 했던 이 짧막한 연설은 미국의 건국 정신을 지키기 위해 목숨을 바쳤던 병사들의 뜻을 이어받아, 살아남은 자들이 민주주의 이념을 굳건하게 지켜나가는 데 힘을 실어주었다는 평가를 받고 있습니다.

누구보다 시련이 많았고 불행하기 그지없던 척박한 환경에서도 좌절하지 않고 다시 일어서서 마침내 세계의 젊은이들에게, 그리고 인류 역사상 가장 존경하는 인물로 추앙받고 있습니다.

그가 태어난 곳은 작은 실개천이 흐르는 놉 크릭이라는 마을의 작은 통나무집 오두막이었습니다. 에이브(어린 시절 링컨의 이름)는 책이나 장난감은 물론이고, 입고 있는 셔츠와 바지 한 벌에 일 년 내내 한 켤레뿐인 모카신을 신고 다닐 만큼 가난하여 정규교육도 제대로 받지 못하고 자랐습니다.

오로지 안식처가 되어 준 호젠빌의 통나무집 다락방에서 어머니가 물려주신 성경책을 읽는 것이 그에게는 큰 위로가 되었습니다.

그런데 비가 억수같이 쏟아지던 어느 날 에이브는 빌려온 책을 읽다가 잠이 들고 말았습니다. 평소 깊은 신앙심을 지닌 어머니의 영향을 받아 성경과 책을 가까이했는데, 머리맡에 펴두었던 책이 그만 빗물에 젖는 줄은 꿈에도 몰랐습니다.

당황한 에이브는 먼저 책 주인을 찾아가 사과하고 변상할 수 없는 책값을 대신하여 농장에서 일해주기로 약속합니다. 성실하고 정직한 그의 태도에 감동한 책 주인은 오히려 에이브에게 책을 선물로 주었다는 일화가 지금까지 전해지고 있습니다.

그가 아홉 살 무렵에 어머니가 세상을 떠나 남의 집 점원으로 돈을 벌어야 했고, 뱃사공이 되어 험한 일을 감당하기도 하였으며, 19세 때는 가장 사랑하는 누나를 잃는 슬픔을 당하였습니다. 22세 때는 돈한 푼 모으지 못하고 직장에서 해고당한 후에 빚을 얻어 친구와 작은 가게 하나를 얻어 동업하였는데, 그 친구가 갑자기 죽어서 큰 빚을 혼자 떠안게 되어 30세까지 그 빚을 혼자 다 갚아야 했습니다.

결혼 적령기가 되었을 때 4년간 좋아했던 여인과 결혼하려 했으나 실연하였고, 30세 늦은 나이에 결혼을 약속한 약혼녀마저 그만 교통사고로 죽는 불행을 겪었습니다.

지방 하원의원에 세 번 출마해 세 번 다 낙선하였고, 늦게 얻은 네 살배기 아들을 41세에 잃었는데, 43세에 얻은 아들까지 잃고 맙니다.

45세에 그동안 모은 돈으로 상원의원으로 출마했으나 낙선하고, 부통령으로 출마해서도 낙선했으며, 51세에 또 상원의원으로 출마했는데 또 낙선의 고배를 마시게 됩니다. 그러나 절망하거나 포기하지 않고 재도전한 결과, 53세가 되어 대통령으로 당선됩니다.

거듭되는 불행 앞에서 자신의 운명을 한탄하며 좌절할 법도 한데, 그렇지 않았습니다. 그를 붙잡던 강한 믿음의 정신력은 마침내 대통령이 되었고, 그의 신념이 깃든 노예제 폐지라는 인류애의 평등을 실현하는 위대한 족적을 남겼습니다.

우리나라에도 하나님의 선한 영향력을 사명으로 감당한 위대한 인물들이 있습니다.

일본이 우리나라를 강제 점령하던 일제강점기에 국가의 독립을 위해 초개같이 목숨을 버린 독립운동가 중에는 기독교 신자였던 믿음의 사람이 대부분이었습니다.

이들은 믿음을 통해 인간의 존엄함을 깨우친 하나님의 사람들이었습니다. 끝나지 않을 것 같은 전쟁이 계속되는 순간에도 그들은 평화를 갈구하며 암울한 현실에서 탈출해 존재의 땅으로 건너올 수 있었습니다.

그 고통은 진정 감당하기 힘든 무게였음을 지금의 우리가 짐작이나 하겠습니까 만은, 하나님을 '아빠 아버지'라 진실되게 부르던 이들이야말로 '대장부'였음을 짐작하게 됩니다. 이들은 진정 생사화복을 주관하시는 하나님을 믿었기에 죽음마저도 두려워하지 않았던 믿음의 사람이었습니다.

손양원 목사님을 아실 것입니다. 우연히 그분의 전기를 읽게 되었습니다. 그것이 내 안에 임재하신 하나님을 깨닫게 된 계기입니다. 어떻게 그 책을 집어 들고 읽기 시작했는지 지금 생각해도 딱히 짚이는 것은 없습니다. 우연히 눈에 띄었고 그저 무심히 읽기 시작했을 뿐인데, 한 줄 한 줄의 문장이 폐부에 꽂히는 경험을 하게 되었습니다.

그때까지만 해도 교회만 다녔지, 기독교 서적을 포함해서 책에 큰 관심이 없었습니다. 물론 성경도 안 읽던 시절입니다. 그런데 그 책을 읽는 순간 몸이 감전된 듯 전율하였고 심연에서 솟아오르는 눈물을 주체할 길이 없었습니다.

책을 읽는 내내 눈물과 콧물이 범벅인 채로 가시지 않은 여운을 달래야 했고, 책을 덮고 나서는 가장 먼저 머릿속에 떠오른 문장이 "하나님은 죽음보다 크신 분이구나!"라는 감동이었습니다.

그때부터 하나님이 궁금해서 성경을 찾아 읽어나가게 되었고, 말씀이 살아서 운행한다는 것을 처음 실감하며 성경 구절들이 뇌리 깊숙이 꽂히는 경험을 하였습니다.

당시 "죽음 너머에 존재하는 영혼을 본다는 것이 이런 걸까?" 하는 화두를 던지며 말씀을 읽어 내려갔던 것 같습니다. 그리고 얼마간 말씀을 읽는 중에 '삶과 죽음을 주관하시는 하나님'에 대한 깊은 깨우침을 자각되었습니다.

손양원 목사님은 일제 치하와 한국전쟁이라는 한국 현대사의 질곡을 기도와 사랑으로 껴안았던 사랑의 순교자로 유명합니다.

생전에는 애양원 교회에서 한센병 환자들을 돌보며 헌신하다가 1948년 여수 순천 사건 때 동인과 동신 두 아들을 모두 공산 세력에 의해 잃게 되었지만, 아들을 죽인 원수를 용서하고 오히려 양아들로 삼아 사랑을 실천함으로써 그리스도의 사랑이 무엇인지 몸소 보여주었던 분입니다.

"예수를 믿어? 그럼 어디 믿어서 잘 사나 보자. 사형에 처한다."

인민재판장에 불려 나간 두 학생에게 사형선고가 내려집니다. 그러나 죽음 앞에서 한 치의 흔들림도 없던 이들이 바로 손양원 목사의 아들 손동인, 손동신 형제입니다.

광복 이후 대한민국은 좌익과 우익이 첨예하게 대립하던 시기였으므로 1948년 당시 곳곳에서 유혈 사태가 잇따랐습니다. 그해 10월, 여수와 순천 등지에 주둔하고 있던 군인들은 제주도 4 3사건 진압 출동을 거부하면서 반란을 일으켰는데, 그 당시 순천의 전국학생연맹에서 활동하던 손동인, 손동신 형제가 우익 성향의 단체에 소속됐다는 이유가 빌미가 되어 체포되었고 총살당하였습니다.

얼마 후 정세는 뒤바뀌었고 반란군이 진압되면서 국군 계엄사령부는 반란을 주도한 자들을 체포해 처단하는 과정에서 손동인, 손동신 형제를 살해한 범인이 안재선이라는 사실이 밝혀지게 됩니다. 마침내 죗값으로 사형을 면치 못하는 상황이 되었던 것인데, 보통 사람이라면 아들을 죽인 원수가 벌을 받게 되었으니 조금이나마 원한을 풀 수 있는 길이 열렸다고 생각했을 것입니다.

그런데 두 아들을 잃은 손양원 목사는 간곡한 처벌을 청해도 모자랄 판에 아들을 죽인 안재선을 찾아가 회유합니다.

"네가 저지른 과거의 죄는 기억 안 할 테니, 하나님 앞에 잘못을 뉘우치고 예수를 믿어 훌륭한 일꾼이 되어다오."

그리고는 아들을 죽인 살인범을 양아들로 삼습니다. "원수를 사랑하라." 말씀하신 그리스도의 사랑을 몸소 보여주었던 것이죠.

손양원 목사는 원수인 안재선을 용서하고 사랑으로 보살폈으며, 안재선은 그런 손 목사를 아버지로 섬기고 살다가 죽을 때가 되어 자기 아들에게 "목사가 되어라." 하는 유언을 남겼습니다.

아버지의 유언대로 안재선의 아들은 목사가 되어 현재 아프리카 브룬디에서 사역을 펼치고 있습니다.

아무리 신앙심이 깊고 마음이 따뜻하고 너그럽다고 한들, 아들을 죽인 원수를 아무렇지도 않게 용서할 수 있을까요?

손양원 목사도 생전에 솔직한 심정을 고백했다고 합니다.

"사랑하는 두 아들이 앉았던 식탁에 살인범을 앉히고 밥을 먹을 때, 입안에는 밥이 아닌 모래알이 삼켜진 듯하였다."

그러나 결국 살인범을 용서함으로써 그리스도의 사랑을 실천한 손 목사는 진정한 종교인들의 귀감이 되어 '사랑의 원자탄'이라는 별칭까지 생겨났습니다.

손양원 목사님의 이야기는 학생 때부터 익히 들어서 알고 있었습니다. 그런데 어떤 계기로 내 손에 그 책이 들어왔고 읽을 생각을 했는지 아직도 의아합니다.

사람에게 목숨보다 귀한 것은 없습니다. 그런데 그가 목전에 닥친 죽음 앞에서도 두려워하지 않고 모든 것을 하나님께 의지했던 그 하나님이 궁금해지기 시작했던 것이죠. 그래서 성경을 탐독해 나갔습니다. 그러면서 하나씩 깨달아지고 알게 되었습니다. 그리고 인정하지 않을 수 없었습니다. 세상을 창조하셨을 뿐 아니라 우리의 생사화복을 주관하시는 분이라는 것을요. 사람과는 다른 차원의 존재로서 하나님을 알게 될수록 기쁨과 환희로 가슴이 벅차올랐습니다.

교회에서 가르쳐준 대로 이해하던 하나님이 아니었습니다. 그때부터 내가 만난 하나님을 가슴에 담아둘 수가 없어서 만나는 사람마다 이야기해주기 시작했습니다. 어지간해서 가족이나 친한 친구가 아니면 말도 없는 편인데, 나도 모르게 수다쟁이가 되어갔습니다.

그날 이후로 날마다 새로 태어나는 기쁨과 감격을 맛보았습니다. 그러면서 깨달았습니다. 누구나 나처럼 하나님을 만날 수 있다는 사실입니다. 내 안에 존재하시는 하나님을 알아차리기만 하면 만나는데 아무도 그걸 꺼내려고도 하지 않으며 교회조차도 무엇이 우선되어야 하는지 모르고 있어 안타까울 뿐입니다.

목회자만 여러 성도 앞에서 하나님 얘기를 하는 게 아니라, 누구나 하나님을 증거할 수 있습니다. 그래야만 합니다.

교회에 가면 목사님은 성도들에게 "하나님을 만나세요."만 반복하는 현실을 볼 때마다, 절대 그렇지 않다고 외치고 싶습니다. 우리는 이미 하나님을 만났고 각자의 심령에 임하고 계십니다. 다만, 각자가 그 사실을 알아차려야만 하는 것입니다. 그래야 믿음으로 살아가든 아니든 할 것입니다.

"여호와께서 모세에게 이르시되 불뱀을 만들어 장대 위에 매달아라 물린 자마다 그것을 보면 살리라 모세가 놋뱀을 만들어 장대 위에 다니 뱀에게 물린 자가 놋뱀을 쳐다본즉 모두 살더라"(민 21:8~9)

위 구약의 본문 말씀은 아래 신약의 말씀과 상통하는 주제입니다.

"하나님이 세상을 이처럼 사랑하사 독생자를 주셨으니 이는 그를 믿는 자마다 멸망하지 않고 영생을 얻게 하려 하심이라"(요 3:16)

애굽을 탈출한 이스라엘 백성이 하나님을 원망하다가 불뱀에 물리는 일이 생겼습니다. 하나님을 원망한 이유는 에돔 땅에 들어가지 못하고 우회해서 가도록 하셨기 때문입니다. 그곳에는 야곱의 형(兄)인 '에서'의 후손들이 살고 있었습니다. 같은 동족이었던 것이죠.

멀리 돌아가게 된 데 불만을 품은 사람들이 원망하기 시작했습니다. 이때 단순히 에돔 땅을 우회해서 가는 것뿐만이 아니라 애굽에서 나와 시작된 광야에서의 고단한 생활 등 모든 불만이 한꺼번에 터져 나오면서 총체적으로 하나님을 원망하기에 이르렀습니다.

원성이 높아지자 불뱀이 나와 그들을 물면서 많은 사람이 죽었습니다. 그제야 모세에게 와서 잘못을 빌며 하나님께 기도로 살길을 열어 달라고 간청합니다. 그때 하나님이 주신 말씀이 "놋뱀을 쳐다보면 살게 될 것이다."였습니다.

모세가 불뱀이 아닌 놋뱀을 만들어 장대 위에 달았습니다. 이것을 보는 자가 살아날 것이라는 하나님 말씀을 실행한 것이죠.

놋뱀은 바로 오늘날에 이 땅에 오신 예수를 상징합니다. 구약의 성도는 신약에 오실 예수 그리스도를 바라봄으로 구원을 받게 되는 것이고, 우리는 이미 오신 예수를 믿음으로 구원받는다는 것을 상징적으로 보여주는 말씀입니다.

당시에도 지금처럼 여전히 이 말씀을 믿는 자와 믿지 않는 자로 갈렸습니다. 놋뱀을 쳐다본 사람은 살았으나, 쳐다보지 않은 자들은 죽었습니다.

신약에서 하나님은 예수를 보내시며 "믿기만 하면 살 것이다."라고 약속하셨습니다.

"주 예수를 믿으라 그리하면 너와 네 집이 구원을 얻으리라"(행 16:31)

이보다 명료한 말씀이 있을까요? 그러나 세상에는 여전히 "예수 믿는다고 구원받겠어?" 하는 믿지 않는 자들이 있습니다.

구원이며 진리요 생명이신 예수 그리스도를 믿기만 하면 구원을 받고 영생하리라는 말씀을 믿지 않는 자들이 세상에 넘쳐납니다. 언제까지 기회를 주실지 알 수는 없으나 어둠은 점점 짙어만 가는 세상입니다.

"그때에 천국은 마치 등을 들고 신랑을 맞으러 나간 열 처녀와 같다 하리니 그중에 다섯은 미련하고 다섯은 슬기 있는지라 미련한 자들은 등을 가지되 기름을 가지지 아니하고 슬기 있는 자들은 그릇에 기름을 담아 등과 함께 가져갔더니 신랑이 더디 오므로 다 졸며 잘 새 밤중에 소리가 나되 보라 신랑이로다 맞으러 나오라 하매"(마 25:1~6)

본문의 '열 처녀'는 신랑 되신 예수 그리스도를 믿는 이 땅의 교회를 가리킵니다. 그중에는 슬기로운 자도 있고, 미련한 자도 있다고 했습니다.

그런데 주목해 볼 것은 "신랑이 더디 옴으로 다 졸며 잘 새 밤중에 소리가 나되 보라 신랑이로다 맞으러 나오라." 하며 외치는 자들입니다. 이들은 신랑 앞에서 길을 비추는 동행의 무리입니다.

즉, 주님의 재림을 알리며 준비시키는 목회자들입니다. 따라서 두 가지 형태의 교회를 비유하고 있습니다. 하나는 슬기 있는 다섯 처녀같이 기름 등불을 예비하고 신랑인 주님을 맞이하는 교회입니다. 다른 하나는 미련한 다섯 처녀같이 제대로 기름 등불을 준비하지 못해 등불이 꺼져가는 교회로 주님 맞을 기회를 놓쳐 버리는 것입니다.

"인자가 자기 영광으로 모든 천사와 함께 올 때에 자기 영광의 보좌에 앉으리니 모든 민족을 그 앞에 모으고 각각 분별하기를 목자가 양과 염소를 분별하는 것같이 하여 양은 그 오른편에, 염소는 왼편에 두리라"(마 25:31~33)

여기서 슬기로운 다섯 처녀는 누구고, 미련한 다섯 처녀는 누구일까요?

"너희는 주께서 받은바 기름 부음이 너희 안에 거하나니 아무도 너희를 가르칠 필요가 없고 오직 그의 기름 부음이 모든 것을 너희에게 가르치며 또 참되고 거짓이 없으니 너희를 가르치신 그대로 주 안에 거하라 자녀들아 이제 그 안에 거하라 이는 주께서 나타내신 바 되면 그의 강림하실 때에 우리로 담대함을 얻어 그 앞에서 부끄럽지 않게 하려 함이라"(요 1 2:27~28)

미련한 다섯 처녀는 기름을 준비하지 못했을 뿐 아니라 가지고 있는 등불도 도중에 꺼져갔다는 점에서 이들의 기름은 성령과의 진실한 교통이 계속 이어지지 않았다는 것을 의미합니다.

결과적으로 주님이 오셨을 때 말씀의 등불을 준비하지 못해 혼인 잔치에 참예하지 못하고 이미 닫힌 문밖에서 문을 열어달라고 애원했지만, 신랑은 "내가 너희를 알지 못하노라." 하며 거절하였습니다.

이들은 인간적인 자기의 구원론이나 공력, 지식 등을 내세우며 자기들도 구원될 수 있다고 주장한 자들일 것이며, 거짓 선지자를 따르게 되는 교인들이 될 것입니다.

마침내 슬기로운 다섯 처녀가 예비한 기름 등불은 밤중 같은 암흑시대에 어두운 길을 비추는 말씀의 등불로써, 다 졸며 자는 때에도 심령으로는 깨어 있는 영혼의 등불을 가리킵니다.

또한, 끝까지 꺼지지 않고 변함없는 금촛대 신앙으로 밝혀 든 믿음의 등불입니다. 이것이 영광 가운데 오신 신랑이신 주님을 맞이하여 혼인 잔치에 참예하는 복을 받게 된다는 말씀입니다.

반면에, 미련한 다섯 처녀는 등은 있으나 기름을 준비하지 못했으니 이는 곧 겉으로 보기에는 신랑이신 주님을 고대하며 밤중 같은 어두운 세상을 잘 참고 견디는 신앙 같았고, 그래서 다 같은 신부 성도인 줄 알았는데, 실상은 성령의 기름이 끊긴 외식적인 신앙이었음이 드러난 것을 말합니다.

"주인의 뜻을 알고도 예비치 아니하고 그 뜻대로 행치 아니한 종은 많이 맞을 것이요"(눅 12:47)

주인의 뜻을 알고도 예비치 아니하고 그 뜻대로 행치 아니한 자는 매를 많이 맞을 것이라 했음을 기억해야 합니다.

[새찬송가 546장. 주님 약속하신 말씀 위에서]
주님 약속하신 말씀 위에서 영원토록 주를 찬송하리라 / 소리 높여 주께 영광 돌리며 약속 믿고 굳게 서리라 / 주님 약속하신 말씀 위에서 영원토록 주를 찬송하리라 / 소리 높여 주께 영광 돌리며 약속 믿고 굳게 서리라 / 굳게 서리 영원하신 말씀 위에 굳게 서리 / 굳게 서리 그 말씀 위에 굳게 서리라

누군가를 찾아오는 것은 목적이 있는 것입니다. 구약에 엘리야 선지자와 사르밧에 사는 과부 이야기에도 비슷한 이야기가 나옵니다.

어린 아들과 함께 사는 사르밧 과부가 기근으로 인해 죽을 만큼 고통받고 있었습니다. 과부는 가루 한 움큼과 병에 조금 남은 기름이 전부였습니다. 이것으로 떡을 만들어서 마지막 식사를 하고 나면 굶어야 하는 지경에 처해 있었습니다. 그때 엘리야 선지자가 과부에게 물을 조금 마시게 해줄 것과 떡 한 조각을 먹게 해달라고 요청합니다.

"엘리야가 그에게 이르되 두려워하지 말고 가서 네 말대로 하려니와 먼저 그것으로 나를 위하여 작은 떡 한 개를 만들어 내게로 가져오고 그 후에 너와 네 아들을 위하여 만들라"(왕상 17:13)

마지막 남은 끼닛거리라는 것을 알면서도 이런 요청을 해온 엘리야 선지자가 과부의 입장에서 아주 무례한 손님이 아닐 수 없었을 것입니다. 과부는 부탁을 거절할 수도 있었으나 그렇게 하지 않았습니다. 하나님의 종이 한 부탁이니 순종하는 마음으로 떡을 만들어 가져다주었습니다.

과부의 행동이 순전히 하나님을 신뢰하는 마음을 드러냈던 것이기에 하나님도 그를 크게 축복하셨습니다. 과부가 사는 그 땅에 비가 내릴 때까지 가루 통에 가루가 떨어지지 않게 하셨던 것입니다.

과부는 풍성해진 양식으로 아들뿐 아니라 이웃과도 나누는 하나님의 큰 은혜를 입었습니다. 이는 기꺼이 엘리야의 말에 순종함으로써 신실한 믿음을 보여주었기에 칭찬받은 것입니다.

"그가 가서 엘리야의 말대로 하였더니 그와 엘리야와 그의 식구가 여러 날 먹었으나 여호와께서 엘리야를 통하여 하신 말씀같이 통의 가루가 떨어지지 아니하고 병의 기름이 없어지지 아니하니라"(왕상 17:15)

엘리야가 과부를 찾아온 것처럼 예수님이 우리를 찾아오셨습니다. 하늘 보좌에서 내려와 우리 인생의 영혼 속 가장 먼 거리의 심방을 오신 셈입니다.

지금, 이 순간에도 죄악의 한복판에서 헤매는 우리 인생들의 삶 속에 들어오셔서 노크하고 계십니다. 그 노크를 알아채고 문을 열고 주님을 맞이해야겠습니다.

누군가는 순종하고 따르는 사람이 있는가 하면 그렇지 않은 사람들이 있습니다. 성도들은 사르밧 과부가 하나님의 뜻임을 알아차리고 엘리야를 맞이한 것처럼 은혜를 주러 오신 주님의 뜻을 각 사람이 알아차릴 수 있어야겠습니다.

제자들도 처음 갈릴리바닷가에 나타나신 주님을 알아차리고 말씀에 순종함으로써 사도가 되는 영광을 얻었습니다.

또 처녀의 몸으로 잉태할 것을 예언한 가브리엘의 말을 알아차린 마리아도 순종함으로써 하나님의 아들을 잉태하는 영광을 누리게 하였습니다.

은혜는 하나님의 특별한 택함을 입은 자에게 임합니다. 우리가 택함을 얻었으나 그것을 알아차리지 못함은 순종하지 못함이라, 우리의 영혼이 나음을 입지 못할 것입니다. 누군가가 은혜를 입는 것은 평범한 일이 아닙니다. 80억이 넘는 인류 중 우리 한 사람 한 사람을 택하셨고, 구주로 영접하는 은혜를 선물하셨습니다. 이 귀중한 말씀을 내가 읽고 받아들일 때 은혜가 내게 임하는 것입니다.

[찬송가 563장. 예수 사랑하심은]

예수 사랑하심은 거룩하신 말일세 / 우리들은 약하나 예수 권세 많도다 / 날 사랑하심 날 사랑하심 날 사랑하심 성경에 써 있네 / 나를 사랑하시고 나의 죄를 다 씻어 / 하늘 문을 여시고 들어가세 하시네 / 날 사랑하심 날 사랑하심 날 사랑하심 성경에 써 있네 / 내가 연약할수록 더욱 귀히 여기사 / 높은 보좌 위에서 낮은 나를 보시네 / 날 사랑하심 날 사랑하심 날 사랑하심 성경에 써 있네 / 세상 사는 동안에 나와 함께 하시고 / 세상 떠나가는 날 천국 가게 하소서 / 날 사랑하심 날 사랑하심 날 사랑하심 성경에 써 있네

구구단

성경도 구구단의 좋은 점을 닮았습니다. 알수록 삶에 다양하게 적용할 수 있습니다. 어려움에 빠졌을 때는 무기가 된다는 점도 기억하면 좋겠습니다.

누구든지 구구단을 외우고 있을 것입니다. 한 번 외워 놓으면 일일이 셈을 하지 않고도 복잡한 계산을 쉽게 할 수 있습니다. 일상생활에서 정확하고 빠른 계산이 가능해서 활용도가 높습니다.

구구단은 수학 공식입니다. 구구단으로 분배법칙, 지수법칙 등을 결합해 곱셈과 나눗셈 계산도 빠르게 풀어낼 수 있습니다. 그러나 구구단을 모르면 수학 문제를 푸는 건 물론이고 사고력 수학도 할 수 없습니다.

대부분 초등학교 2학년 때 구구단을 배웁니다. 선생님을 따라 '오 사(는) 이십, 오 오(는) 이십오'와 같이 특유의 리듬에 맞춰 외운 기억이 납니다.

또 '원숭이 엉덩이는 빨개' 같은 리듬을 섞어서 수월하게 암기하기도 하였습니다. 못 외우면 선생님이 집에 보내주지 않아서 하고 또 하면서 암기했습니다. 오랫동안 사용하지 않다가 갑자기 떠올릴 땐 잊어버리기도 하지만 구구단이 편리하다는 건 누구나 동감할 것입니다.

말씀의 씨앗은 일상에서 적시 적소에 영혼을 깨우는 메시지로 발화합니다. 복음의 증거는 나눔을 통해 열매를 맺고 다시 씨앗이 터지듯 말씀이 깨달아질 때가 옵니다. 모든 문제가 풀리면서 해법을 찾는 순간입니다. 기도의 응답으로 오기도 합니다.

"오직 하나님이 성령으로 이것을 우리에게 보이셨으니 성령은 모든 것 곧 하나님의 깊은 것까지도 통달하시느니라 사람의 일을 사람의 속에 있는 영 외에 누가 알리요 이와 같이 하나님의 일도 하나님의 영 외에는 아무도 알지 못하느니라"(고전 2:10~11)

말씀이 증거가 된다는 것은 하나님의 방법으로 각자에게 응답해 주시기 때문입니다. 사람의 방법처럼 어떤 경로나 과정이 있는 게 아니라, 하나님은 세상을 창조하실 때 개개인을 창조하셨듯이 일 대 일로 직접 가르쳐 주십니다.

하나님은 각 사람에게 모든 걸 주셨고, 완벽하게 만드셨습니다. 그러나 사람은 미련이 먼저 오기 때문에 깨닫지 못하고 헤매며 돌아다닙니다. 직접 하나님 앞으로 오라고 해도 가지 못하고 빙빙 돌아서 가기에 안타깝다고 하십니다.

"예수께서 대답하여 가라사대 사람이 나를 사랑하면 내 말을 지키리니 내 아버지께서 저를 사랑하실 것이요 우리가 저에게 와서 거처를 저와 함께하리라"(요 14:23)

본문에서 거처를 옮겨 함께하신다는 것이 바로 각자의 마음에 임재하는 하나님을 의미합니다. 하나님은 알파요, 오메가입니다. 처음과 끝을 우리와 함께하시며 하나님의 방법으로 계시받듯이 누구나 하나님을 만날 수 있습니다. 하나님의 방법은 한둘이 아닙니다.

그런데 오히려 하나님과 성도들이 만날 기회를 교회가 가로채면서 오늘날의 신앙생활이 반복적인 종교 생활로 고착되고 말았습니다. 가르치는 것도 잘못이지만 방향도 틀렸습니다.

누구나 한 번쯤 교회를 나가본 경험이 있을 것입니다. 아마도 안 가본 사람을 세는 게 훨씬 빠르지 않을까 생각됩니다. 예상보다 훨씬 많은 이들이 교회에 다녀봤으리라 짐작합니다. 현재는 냉담자가 됐을지언정 말이죠.

그러함에도 하나님을 만났다는 사람을 찾기는 쉽지 않을 듯합니다. 하나님을 만난 사람은 얼굴부터가 다르기 때문에 표시가 납니다. 보는 사람이 느낄 만큼 은혜로 충만한 모습을 볼 수 있습니다.

"베드로가 이르되 은과 금은 내게 없거니와 내게 있는 이것을 네게 주노니 나사렛 예수 그리스도의 이름으로 일어나 걸으라 하고 오른손을 잡아 일으키니 발과 발목이 곧 힘을 얻고 뛰어 서서 걸으며 그들과 함께 성전으로 들어가면서 걷기도 하고 뛰기도 하며 하나님을 찬송하니"(행 3:6~8)

앉은뱅이가 일어나 기뻐하며 걷기도 하고 뛰기도 하였다고 했습니다. 기쁨에 겨운 앉은뱅이가 직접 증거 했던 것입니다. 은혜는 이처럼 체험한 당사자에게 나타나게 마련입니다.

여기서도 또 하나 주목할 것은, 베드로의 태도입니다. 앉은뱅이를 일으킨 기적이 베드로의 능력이라고 착각한 사람들에게 "내가 한 게 아니며, 예수가 이 사람을 일으켰다."라고 분명하게 짚어준 것입니다.

예수님도 "내가 한 것이 아니라 하나님 아버지가 하셨다."라고 영광을 돌렸던 것을 볼 수 있습니다. 그것이 바로 겸손입니다.

겸손은 자신이 칭찬받으려는 마음이 사라지고, 오직 기쁨이 충만한 상태로 감사하는 자세입니다. 내가 칭찬받을 공로를 하나님께 돌리는 것입니다. 은혜를 받은 사람은 기쁨 자체이므로 더 받고자 하는 욕망이 사라지게 된다는 것입니다.

속칭 이단(異端)들은 모든 것이 교주에게로 향합니다. 병이 낫는 것도 신의 계시를 받은 교주가 병을 고쳤다고 내세웁니다. 이것이 이단이라는 증거입니다.

하나님이 세우신 성직자라면 하나님을 대신해서 말씀을 가르치려는 생각조차 해선 안 됩니다. 형태적으로 주님이 바라는 바가 아닙니다. 하나님 말씀을 전할 때도 주님이 이 땅에 말씀을 전하신 모습대로 행하는 게 맞습니다. 성경을 읽는 각 사람이 성령의 인도를 받아야만 하나님과의 진정한 교통이 일어날 수 있다는 것을 알면 그럴 수는 없습니다.

"나를 보내신 아버지께서 이끌지 아니하시면 아무도 내게 올 수 없으니 오는 그를 내가 마지막 날에 다시 살리리라 선지자의 글에 그들이 다 하나님의 가르치심을 받으리라 기록되었은즉 아버지께 듣고 배운 사람마다 내게로 오느니라"(요 6:44~45)

하나님은 각 사람에게 당신의 자녀가 되는 권세를 주셨고, 개개인에게 관심이 있으십니다. 이것을 알아차리고 하나님의 자녀로서 대장부로 살면 되는 것입니다. 내게 오신 하나님을 기쁨으로 이웃에 증거 하며 하나님께 영광을 돌리면 됩니다. 그것이 곧 믿음의 징표입니다.

지식이나 물질의 많고 적음에 상관없이 내 안에 하나님이 계신가, 아닌가의 이분법으로 알아차리는 것입니다. 성경은 읽기만 하면 누구든지 적용이 가능한 구구단처럼 내게 유익한 것을 아는 것입니다.

하나님은 평등한 세상을 만드셨습니다. 너도나도 똑같은 은혜와 복을 누리도록 축복하셨습니다. 그러나 오늘날에는 죽음만이 평등한 세상입니다. 돈이나 지위, 권력으로 사람을 평가합니다. 상하 혹은 갑을의 관계가 만연합니다.

교회도 다를 게 없습니다. 목회자와 신도의 관계만 봐도 그렇습니다. 목회자는 신도들을 향해 '내 말이 곧 하나님의 말씀'이라는 식으로 가르칩니다. 신학을 한 사람만 하나님을 만나는 것이 아님에도 말이죠. 심지어 신학을 한 후에 이단 교주가 된 자들도 많지 않습니까?

성경은 기독교라는 종교에 이용하도록 주어진 경전이 아닙니다. 하나님의 뜻이 살아 있는 생명의 말씀으로써 하나님이 저자입니다.

"하나님의 말씀은 살아 있고 활력이 있어 좌우에 날 선 어떤 검보다도 예리하여 혼과 영과 및 관절과 골수를 찔러 쪼개기까지 하며 또 마음의 생각과 뜻을 판단하나니"(히 4:12)

들고만 다니는 성경은 종이책에 불과할 뿐입니다. 살아 있는 하나님의 말씀이라고 할 수 없습니다. 더욱이 거룩할 리도 없습니다.

성경을 읽고 마음판에 새길 때 생명력 있는 말씀이 되고, 자아와 지속적으로 부딪쳐 나의 모든 인격에 반응하며 내 삶을 이끌어 갈 때 말씀 안에 거하게 됩니다.

성경을 읽고 단순히 아는 지식에 머무는 것이 아니라, 삶 속에서 재발견되고 내 삶에 영향을 줄 때 살아 운행하는 말씀이 됩니다. 그러니까 내 삶을 말씀이 이끌어가고 있는지 아닌지는 성경을 읽고 믿음대로 행하는지를 보면 됩니다. 성경을 얼마나 읽고, 또 행하는지 믿음의 여부가 곧 그리스도인이요, 믿음의 사람을 구별하는 기준입니다.

"너희는 여호와의 책을 자세히 읽어보라 이것들이 하나도 빠진 것이 없고 하나도 그 짝이 없는 것이 없으리니 이는 여호와의 입이 이를 명하셨고 그의 신이 이것들을 모으셨음이라"(사 34:16)

오늘날 기독교라는 이름 아래 겉으로 보이는 것에 치중하는 사람들을 보게 됩니다. 한없는 자기 열심과 만족에서 기쁨과 위안을 찾는 이들은 영이신 하나님과는 배치되고 있으며, 그분이 주시는 기쁨과는 아무런 상관이 없습니다. 성경적 기독교는 종교가 아니라 예수 그리스도를 깊게 알고 순종하는 삶, 그 자체이기 때문입니다.

"이와 같이 우리 많은 사람이 그리스도 안에서 한 몸이 되어 서로 지체가 되었느니라"(롬 12:5)

교회는 예수 그리스도를 머리로 삼고, 그분의 지체인 성도 간에 유기적으로 영향을 주고받으며 세워질 때 성장합니다. 말씀 안에서 성령의 감동 감화로 움직이는 유기체적 모임으로 존재할 때 세상의 모임들과 구별될 수 있습니다.

"또 모든 것을 그분의 발아래 두셨으며 그분을 모든 것 위에 머리가 되게 하사 교회를 위해 주셨느니라. 교회는 그분의 몸이니 곧 모든 것 안에서 모든 것을 충만하게 하시는 분의 충만이니라"(엡 1:22~23)

그러함에도 인본주의가 깊게 침투해버린 교회들, 하나님의 말씀이 빠져버린 교회들, 복음이 선포되지 않는 교회들, 예수 그리스도가 아닌 사람이 주인이 되어 버린 교회들, 하나님을 믿는다고 말하면서 하나님과 상관없는 종교인이자 무늬만 기독교인인 이들로 넘쳐난 그런 교회들은 사실상 생명력을 잃은 조직체일 뿐입니다. 실제 이런 곳은 교회라는 이름뿐이고 껍데기만 존재하는 단체입니다.

"혀는 능히 길들일 사람이 없나니 쉬지 아니하는 악이요 죽이는 독이 가득한 것이라"(약 3:8)

이러한 교회들은 오늘도 주일이 되면 성도들을 향해 희망만 주는 말들만 잔뜩 쏟아냅니다.

구구단

111

"내일은 좋은 일이 생길 겁니다. 힘든 일이 있습니까? 기도하세요. 기도해 드리겠습니다."

마치 영혼 없는 겉치레의 말과 다를 게 없습니다. "자장면, 내일은 공짜!"라며 현혹하는 중국집 광고문구 같습니다. 오늘이 아니고 내일로 미루기만 하는 기만행위입니다. 내일은 또다시 내일이 되므로 공짜 자장면은 없습니다. 이런 것을 '희망 고문'이라고 하죠.

주님은 모든 것을 이루신 완전체로서 '마침표'입니다. 그래서 너무나 명료한 명제를 말씀하고 계시는데, 교회는 더하기 혹은 빼기로 희망만 주고 있는 셈입니다. 하나님의 은혜로 구원받았는데 여전히 구원받을 것이라는 희망만 제시합니다. 대 예배니, 소 예배니 하면서 모든 얘기에 이어지는 예배의 중요성만 강조합니다.

구구단이 중요한데 외우는 성도들이 없습니다. 외워야 하는 줄도 모릅니다. 성경을 읽으면 하나님이 다 가르쳐 주시는데도 무조건 교회만 다니면 되는 줄 압니다. 믿음, 소망, 사랑이 먼저인데 예배를 우선시합니다. 믿음, 소망, 사랑이 한낱 도구가 되어버리고 말았습니다. 그렇게 예배가 중요하다면 예배 잘 드리고 헌금 잘 내면 믿음 소망 사랑이 저절로 따라와야 하는 것 아닌지요?

언제부터인지 성경은 어려워서 잘 모르겠고, 깨알같이 많은 활자가 눈에 들어오지도 않는, 목사님만 읽는 책이 되었습니다. 소화가 잘되도록 잘근잘근 씹어서 성도들의 입맛에 맞게 요리해주는데 그다지 읽어야 할 이유를 모르겠다고 합니다.

어떤 성도는 "목사님 설교 잘 듣고 '아멘'으로 받아들이면 되는 것 아닌가요?"라며 되묻습니다. 이렇게 된 게 교회의 책임이 아니라고 말할 수 있을까요?

어떤 사람은 여기서 한 발 더 나가서 "성경을 안 읽는 사람도 교회에 가면 말씀을 듣게 되니 가는 게 낫지 않나요?" 하고 토를 답니다.

하나같이 종교 생활을 하고 있습니다. 성경도 읽지 않고 열심히 교회에 출석해서 하는 일이 자신의 복을 비는 게 전부입니다. 오늘날의 교회가 일방통행하며 속인 탓이 아니고 무엇일까요.

이는 교회 강대상에서 목회자 홀로 서서 떠들고 있기 때문입니다. 성도들이 입을 벌리고 말씀만 받아먹도록 수동적으로 길들였기 때문입니다. 교회는 성도들을 끌어모으는 데만 목적이 있는 것 같습니다. 마치 거짓말쟁이의 꾀임과 다를 게 없어 보입니다.

"사람은 다 거짓되되 오직 하나님은 참되시다 할찌어다 기록된바 주께서 주의 말씀에 의롭다 함을 얻으시고 판단 받으실 때 이기려 하심이라 함과 같으니라"(롬 3:4)

사람이 아무리 꾀를 낸다고 해도 하나님을 속이지 못합니다.

"여호와의 말씀에 내 생각은 너희 생각과 다르며 내 길은 너희 길과 달라서 하늘이 땅보다 높음같이 내 길은 너희 길보다 높으며 내 생각은 너희 생각보다 높으니라"(사 55:8~9)

하나님의 계획은 영원하며 그분의 생각들은 반드시 이루어지며, 그 누구도 그분의 권위나 능력을 뛰어넘을 수 없습니다. 모든 것을 아시는 하나님께서 생각하시고, 계획하시며, 직접 그 말씀대로 성취하고 완성하시는 것이 바로 성경이 가르치는 바이고, 진리입니다. 그래서 누구도 하나님의 역사를 변경하거나 무효로 만들지는 못합니다.

비포 에프터

이분법으로 우리 스스로 진단해 볼 것은 이것입니다.

"당신은 사울입니까, 바울입니까?"

"하나님을 알기 전입니까, 후입니까?"

스스로 '비포(befer)인가, 에프터(after)인가?'를 고민함으로써 내가 진정 하나님을 아는 성도인지 알아차릴 수 있습니다. 전에는 몰랐으나 이제 하나님을 알고 변화되었는지, 즉 '비포냐, 에프터냐'로 구분할 수 있습니다.

각자 이 질문에 답할 수 있어야겠습니다. 믿음에는 사울에서 바울만 있기 때문입니다.

"사울이 주의 제자들을 대하여 여전히 위협과 살기가 등등하여 대제사장에게 가서 다메섹 여러 회당에 가져갈 공문을 청하니 이는 만일 그 도를 따르는 사람을 만나면 남녀를 막론하고 결박하여 예루살렘으로 잡아 오려 함이라 사울이 길을 가다가 다메섹에 가까이 이르더니 홀연히 하늘로부터 빛이 그를 둘러 비추는지라 땅에 엎드러져 들으매 소리가 있어 이르시되 사울아 사울아 네가 어찌하여 나를 박해하느냐 하시거늘 대답하되 주여 누구시니이까 이르시되 나는 네가 박해하는 예수라 너는 일어나 시내로 들어가라 네가 행할 것을 네게 이를 자가 있느니라 하시니 같이 가던 사람들은 소리만 듣고 아무도 보지 못하여 말을 못하고 서 있더라 사울이 땅에서 일어나 눈은 떴으나 아무것도 보지 못하고 사람의 손에 끌려 다메섹으로 들어가서 사흘 동안 보지 못하고 먹지도 마시지도 아니하니라"(행 9:1~9)

바울은 예수를 만나고, '그는 누구신가?'를 탐구하여 알고 난 이후에, '나는 누구인가?'를 고백함으로써 성경적으로 신관과 인간관을 정립할 수 있었습니다. 아무런 자격이 없는 바리새인 사울이 예수 그리스도의 은혜로 '사도 바울'로 거듭났던 것입니다.

"나는 사도 중에 가장 작은 자라 나는 하나님의 교회를 박해하였으므로 사도라 칭함받기를 감당하지 못할 자니라"(고전 15:9)

"내가 그리스도와 함께 십자가에 못 박혔나니 그런즉 이제는 내가 사는 것이 아니요 오직 내 안에 그리스도께서 사시는 것이라 이제 내가 육체 가운데 사는 것은 나를 사랑하사 나를 위하여 자기 자신을 버리신 하나님의 아들을 믿는 믿음 안에서 사는 것이라"(갈 2:20)

예수의 택하심으로 사울이 바울이 되었습니다.

"이 사람은 내 이름을 전하기 위하여 택한 나의 그릇이라"(행 9:15)

"내가 나 된 것은 하나님의 은혜로 된 것이니 내게 주신 그의 은혜가 헛되지 아니하여 내가 모든 사도보다 더 많이 수고하였으나 내가 한 것이 아니요 오직 나와 함께 하신 하나님의 은혜로라"(고전 15:10)

하나님의 은혜로 택함을 받은 자녀로서 이전의 '나'와 이후의 '나'로 구별되는 삶을 살아야겠습니다.

"무릇 하나님의 영으로 인도함을 받는 사람은 곧 하나님의 아들이라 너희는 다시 무서워하는 종의 영을 받지 아니하고 양자의 영을 받았으므로 우리가 아빠 아버지라고 부르짖느니라"(롬 8:14~15)

내가 사랑하면 비인격체인 동식물과도 인격적 관계가 성립됩니다. 반대로, 하나님과 사람의 관계에서도 내가 외면하면 비인격적인 관계밖에 안 됩니다. 우릴 향해 끊임없이 사랑의 고백을 보내고 계시는 하나님께 화답해야 하는 이유입니다.

"너는 두려워하지 말라 내가 너를 구속하였고 내가 너를 지명하여 불렀나니 너는 내 것이라"(사 43:1~7)

"우리가 살아도 주를 위하여 살고 죽어도 주를 위하여 죽나니 그러므로 사나 죽으나 우리가 주의 것이로다"(롬 14:8)

사도 바울의 고백이 오늘 나의 고백이 되어야 합니다.

"사람이 마음으로 믿어 의에 이르고 입으로 시인하여 구원에 이르느니라"(롬 10:10)

자신이 사울이라는 것을 알고 바울로 거듭나야 할 사명이 우리에게 있음을 깨달았다면 '사울인가? 그렇다면 진정 바울이 되고 싶은가?' 자문해보아야 합니다.

"성령이 너희에게 임하시면 너희가 권능을 받고 온 유대와 사마리아와 땅끝까지 내 증인이 되리라"(행 1:8)

이것이 하나님이 우리에게 부여하신 지상 명령입니다. 이 임무를 수행하려면 내 안에 계신 성령의 임재를 알아차려야 합니다. 성령의 도우심이 아니면 어떤 말을 해도 알아듣지 못하기 때문입니다.

성령이 임하면 권능을 받게 되지만 목회자가 전달자가 되면서 그 통로가 막혀 버렸습니다. 성령의 직접적인 가르침을 받지도 못하고 기쁨도 없습니다.

거듭 촉구하지만, 목회자만 강단에 설 게 아닙니다. 성도를 세워 하나님을 증거하도록 이끌어 나가야 합니다. 성도들에게 기쁜 소식을 전할 기회를 줄 수 있어야 합니다.

교회는 자녀의 권세를 주신 나의 아빠 아버지를 자랑하는 무대가 되어야 합니다. 세상의 많은 교회가 내 아버지를 찬양함으로써 사마리아 땅끝까지 그 찬양이 울려 퍼지도록 하는 게 사명임을 직시해야 합니다.

"주께서 내 장부를 지으시며 나의 모태에서 나를 조직하셨나이다 내가 주께 감사하옴은 나를 지으심이 신묘막측하심이라 주의 행사가 기이함을 내 영혼이 잘 아나이다"(시 139편 13절 이하)

시편 기자의 고백처럼 예수를 나의 구주로 시인하고 믿음 안에서 하나님과 교제하는 삶을 지속해야 합니다. 그런 가운데 내가 '하나님을 알기 전인가, 알고 난 후인가?' 하는 믿음 생활을 구분 짓는 분명한 전환점이 필요합니다.

"내가 네 행위를 아노니 네가 차지도 아니하고 뜨겁지도 아니하도다 네가 차든지 뜨겁든지 하기를 원하노라 네가 이같이 미지근하여 뜨겁지도 아니하고 차지도 아니하니 내 입에서 너를 토하여 버리리라"(계 3:15~16)

예수를 믿는다는 것은, 하나님의 선물을 '내가 받았다.'라는 것입니다. 그러므로 '비포인가, 에프터인가?'를 통해 그 은혜가 증거로 나타나야 '믿는 자'라고 할 수 있습니다.

"내가 전에는 비방자요 박해자요 폭행자였으나 도리어 긍휼을 입은 것은 내가 믿지 아니할 때에 알지 못하고 행하였음이라"(딤 1:13)

예수를 알기 전에는 까막눈이었음을 시인하는 바울의 고백입니다.

쉬운 비유로써, 자신의 믿음 상태를 땅콩의 형태로 구분해볼 수 있습니다. '깐 땅콩인가, 안 깐 땅콩인가?' 이분법으로 자문해보면 알 수 있습니다.

날 때부터 소경인 우리는 껍질을 벗지 못한 땅콩입니다. 껍질을 벗어야 본질을 알 수 있습니다. 그러므로 하나님을 알고 자신의 정체성을 알아차리는 과정을 통해 자기 고백이 있어야 합니다.

　고치를 뚫고 나왔을 때 찬란한 나비의 본질이 드러나듯 환골탈태 즉, 거듭난다는 것은 오른쪽이냐 왼쪽이냐 하는 방향의 문제가 아닙니다. 누에고치가 나비가 되는 차원 상승과 함께하는 의식의 반응입니다. 곧 새로운 피조물이 되는 것입니다. 믿음도 이와 같습니다.

　그렇다면 거듭났다는 것을 어떻게 알 수 있나요?

　이미 받은 구원의 확신을 알아차릴 때 믿음이 일상의 삶으로 드러납니다. 마태복음 마지막 장에 약속하신 말씀이 그 증표입니다.

　"그러므로 너희는 가서 모든 족속으로 제자를 삼아 아버지와 아들과 성령의 이름으로 세례를 주고 내가 너희에게 분부한 모든 것을 가르쳐 지키게 하라 볼찌어다 내가 세상 끝날까지 너희와 항상 함께 있으리라 하시니라"

　거듭 인용하는 구절이지만, 이 말씀이 심령에 닿아 깨달아진 사람이 이웃에 간증하며 복음 전도의 삶을 살게 됩니다.

　이는 앞서 설명한 바와 같이 "믿음은 들음에서 나며"(롬 10:17)라고 하신 말씀대로 '올챙이인가, 개구리인가?' 이분법에 대입해 확연한 믿음의 정체성을 알아차릴 수 있습니다. 올챙이가 개구리가 되는 변화를 말합니다.

[찬송가 393장. 오 신실하신 주]
오 신실 하신 주 내 아버지여 늘 함께 계시니 두렴 없네 / 그 사랑 변찮고 날 지키시며 어제나 오늘이 한결같네 / 오 신실 하신 주 오 신실 하신 주 / 날마다 자비를 베푸시며 일용할 모든 것 내려주시니 / 오 신실 하신 주 나의 구주

우리가 공유할 수 있는 이야기로 연예인들의 간증이 있습니다. 이름만 들어도 알 수 있는 유명인 중 예수를 믿고 새로운 길을 걷는 사람들의 이야기입니다. 그들은 예수를 믿기 전과 후의 삶이 확연하게 구별된 모습을 보여줍니다.

한때 개그맨으로 명성을 떨쳤던 김정식 씨는 예수를 믿고 목회자의 길을 걷고 있습니다. 인기를 얻으며 승승장구하던 그가 유명세를 치르며 예수를 만나 새로운 길을 가게 된 것입니다. 인생에서 무엇이 더 소중한지 발견하게 되었던 것이죠.

현재 그는 목회자로서 청소년 선교와 함께 몸이 불편한 장애인들을 섬기며 공동체를 이루며 살고 있습니다.

그는 홀어머니와 가난한 어린 시절을 보냈습니다. 전형적인 불교 집안이면서도 미신을 믿는 어머니의 영향을 받으며 성장하였습니다.

청년 시절 우연히 코미디 프로에 엑스트라로 출연한 것이 계기가 되어 연예계에 진출합니다. 그의 타고난 끼를 알아본 PD에게 발탁되어 본격적인 개그맨으로 활동하게 된 것이죠.

한동안 대중의 관심을 받으며 돈도 꽤 벌었는데, 인기에 영합해 침체기를 겪으며 도미하였습니다. 돈을 벌러 갔으나 아내의 권유로 신학을 공부하게 되었고, 목회자의 길을 선택하였습니다.

언젠가 방송에 나와서 지난날을 회고하며 "인기에 영합해 교만한 삶을 살았노라."라고 자기 고백을 하는 모습을 보았습니다. 유명해지고 돈을 많이 벌게 되면 세상과 구별되어 살기 쉽지 않습니다.

그는 자신이 예수를 만나게 된 것이 전적인 기도의 힘을 보탠 아내 덕분이라고 말합니다. 신실한 믿음을 가진 아내의 권유로 가게 된 교회에서 예수를 만났고, 독실한 불교 신자였던 어머니까지 크리스천으로 변화시킨 계기가 되었다는 것입니다.

그가 처음 장애인 사역에 나섰을 때 자신을 경계의 대상으로 여기는 이들에게 "하나님이 당신 사랑해서 나 심부름 보냈는데 받아줄래?" 하며 스스럼없이 먼저 다가갔고, 웃음을 주던 개그맨이라서 친화력을 발휘할 수 있었다고 합니다. 그러면서 자신을 개그맨으로 준비시키신 하나님을 찬양하는 모습을 보았습니다.

방송인 조혜련 씨는 오랜 세월 일본의 불교계 신흥종교를 믿는 신도였습니다. 그녀의 집안도 기독교와 무관한 종교를 믿었기 때문에 주변의 크리스천인 동료들에게 '교회에 나오라.' 권유를 받을 때면 반감이 생길 정도로 거부했다고 합니다.

그런 그가 인생의 우여곡절 속에서 이혼의 아픔을 딛고 새로 만난 남편에게서 교회에 나가자는 권유를 받은 것이 계기였습니다.

부부간에 서로 존중하는 의미로 존댓말을 쓰자는 제안에, 남편이 교회에 한 번만 나가주면 수락하겠다고 해서 따라가게 되었습니다.

처음 간 교회였으나 분위기도 좋고 왠지 낯설지 않았습니다. 특히 예배 시간에 출애굽 32장의 설교 말씀이 너무 재미있어서 성경을 찾아 읽기 시작하면서 영의 눈이 밝아지는 느낌을 체험하게 되었습니다.

그때부터 말씀이 신기하게 마음에 새겨졌고 만나는 사람마다 말씀을 전하는 게 너무 즐거웠다고 합니다. 그러면서 교회를 다니면서도 성경을 읽지 않는 사람들이 의외로 많다는 사실을 알게 되어, 그때부터 본격적으로 성경을 탐구해 전도하는 데 열심을 내게 되었다는 것입니다.

날마다 성경을 읽고 탐구하는 모임도 이끌면서 주변에서는 그녀를 '성경 바람잡이'라는 닉네임을 붙여줄 만큼 열심히 성경 공부에 매달리기 시작하였습니다. 그러면서 한 걸음 더 나아가 현재는 신학대에 입학해 신학을 체계적으로 공부해 나가는 중입니다.

그러나 신학을 한다고 말씀을 깊이 깨닫는 것은 아닙니다. 다만, 그녀가 성경을 날마다 읽으면서 기쁨에 충만한 삶을 살아간다는 것은 커다란 변화입니다.

1980년대 연예계를 대표하는 인기 가수에서 목사가 된 조하문 씨도 자신의 회심을 다양한 매체에서 간증하였습니다.

대학가요제에서 수상한 그룹의 리드보컬까지 했던 그는 당시 가요계를 평정했다고 할 만큼 인기가 치솟았습니다. 많은 연예인이 비슷한 경험을 하는 것으로 알려졌는데, 그 역시 갑자기 인기가 하락하며 공황장애에 우울증까지 심해져 자살까지 생각할 정도로 심적 고통을 겪었다고 합니다.

그러던 어느 날 절박한 상황까지 치달았을 무렵에 그를 붙잡았던 말씀으로 회심하게 됩니다. 바로 요한복음 14장 27절 말씀이었습니다.

"평안을 너희에게 끼치노니 곧 나의 평안을 너희에게 주노라 내가 너희에게 주는 것은 세상이 주는 것과 같지 아니하니라 너희는 마음에 근심하지도 말고 두려워하지도 말라"

심령을 새롭게 한 말씀을 부여잡고 매일 5시간씩 성경을 읽으며 주님을 영접한 그는 38세에 하던 일을 접고 미국으로 건너갑니다. 성경을 수없이 독파하며 하나님의 "오직 사랑"을 자신에게 준 지상 명령으로 받아들이고 목회자의 길을 걷게 되었노라 고백합니다.

배우 신현준 씨는 자신이 현재 가고 있는 배우의 길이 하나님의 뜻이라고 고백합니다.

1990년, 「장군의 아들」에서 하야시 역할로 캐스팅되어 영화계에 입문했는데, 하나님의 응답으로 여기고 있다는 것입니다.

평소 하나님이 원하시는 일을 하겠다고 결심한 바가 있었던 그는 어린 시절부터 배우가 되고 싶은 소망을 간직해 오다가 기도를 통해 응답받게 된 것이라고 합니다.

어느 날 우연히 벤치에 앉아 기도하던 중에 어디선가 날아온 신문지 한 면에 난 '신인배우 선발 오디션' 광고문구가 눈에 띄더라는 것입니다. 자신이 기도한 것에 대한 하나님의 응답으로 여겨 오디션을 봤는데 합격하여 배우의 길을 걷게 되었다는 고백입니다.

그런데 다양한 역할을 소화해야 하는 배우로서 오랜 시간 끊지 못했던 술과 담배에 대한 고민이 컸는데, 불현듯 '하나님이 기뻐하시지 않는다.'라는 생각이 들어 기도했고 어렵지 않게 끊을 수 있었다고 합니다.

지금은 하나님이 기뻐하시는 일인지 아닌지 항상 깨어 기도하며 생활하고 있고, 대외적으로 청소년을 위한 장학금 기부나 해외에 교회를 세우는 일에 적극적으로 나서는 것으로 알려졌습니다.

[새찬송가 305장. 나 같은 죄인 살리신]
나 같은 죄인 살리신 주 은혜 놀라워 / 잃었던 생명 찾았고 광명을 얻었네 / 큰 죄악에서 건지신 주 은혜 고마워 / 나 처음 믿은 그 시간 귀하고 귀하다

죄인일 수밖에 없던 자를 새롭게 하신 하나님의 은혜를 간증하는

이들에게서 기쁨과 평안을 찾아보게 됩니다.

연예인 중에 하나님을 만나 변화된 이들의 사례를 잠깐 살펴보았으나, 누구든지 변화될 수 있습니다. 다만, 하나님이 터치(Touch)하실 때 알아차리고 거기에 반응해야 한다는 것을 기억해야 할 것입니다.

"너희 죄가 주홍 같을지라도 눈과 같이 희어질 것이요 진홍같이 붉을지라도 양털같이 되리라"(사 1:18)

"내가 네 허물을 빽빽한 구름의 사라짐 같이, 네 죄를 안개의 사라짐 같이 도말하였으니 너는 내게로 돌아오라 내가 너를 구속하였음이니라"(사 38:17)

"다시 우리를 긍휼히 여기셔서 우리의 죄악을 발로 밟으시고 우리의 모든 죄를 깊은 바다에 던지시리이다"(미 7:19)

"주께서 가라사대 그날 후로는 저희와 세울 언약이 이것이라 하시고 내 법을 저희 마음에 두고 저희 생각에 기록하리라 하신 후에 또 저희 죄와 저희 불법을 내가 다시 기억지 아니하리라 하셨으니 이것을 사하셨은즉 다시 죄를 위하여 제사 드릴 것이 없느니라"(히 10:16~18)

"그런즉 누구든지 그리스도 안에 있으면 새로운 피조물이라 이전 것은 지나갔으니 보라 새것이 되었도다"(고후 5:17)

죽을 수밖에 없던 우리가 죄의 사망에서 부활의 생명으로 옮겨졌습니다. 이는 오직 그리스도의 보혈로 인함입니다. 보혈은 마치 어디서나 통하는 신용카드와 같은 것이라서 능력이 나타납니다.

"예수께서 대답하여 가라사대 진실로 진실로 네게 이르노니 사람이 거듭나지 아니하면 하나님 나라를 볼 수 없느니라 니고데모가 가로되 사람이 늙으면 어떻게 날 수 있삽나이까 두 번째 모태에 들어갔다가 날 수 있삽나이까 예수께서 대답하시되 진실로 진실로 네게 이르노니

사람이 물과 성령으로 나지 아니하면 하나님 나라에 들어갈 수 없느니라"(요 3:3~5)

놀랍게도 성경은 거듭나야 하는 이유와 그 방법까지 상세하게 가르쳐주고 있습니다.

예수님은 성령의 임재를 알아차리고 순종함으로써 변화된 삶을 살지 않으면 하나님 나라에 들어갈 수 없다고 단호하게 말씀합니다. 그리고 '거듭남'의 은혜는 전적으로 예수 보혈의 대가임을 밝히셨습니다.

정말 다행인 것은 우리의 죄가 주홍 같을지라도 눈과 같이 희어질 것이요, 진홍같이 붉을지라도 양털같이 되리라고 하실 뿐 아니라, 네 허물을 빽빽한 구름의 사라짐 같이 없애며 네 죄를 안개의 사라짐 같이 도말(塗抹)해 주시겠다는 말씀도 하셨습니다. 결단의 기회를 주고 계신 것입니다.

[새찬송 407장. 구주와 함께 나 죽었으니]
구주와 함께 나 죽었으니 구주와 함께 나 살았도다 / 영광의 그 날에 이르도록 언제나 주만 바라봅니다 / 언제나 주는 날 사랑하샤 언제나 새 생명 주서나니 / 영광의 그 날에 이르도록 언제나 주만 바라봅니다

이전의 '나'는 사라지고 '새로운 나'로 거듭나기 위해서는 분명 '지금 나를 터치하시는 하나님'을 알아차리는 것이 중요합니다. 변화의 시작이 그것입니다.

하나님은 결코 먼 곳에 계시지 않습니다. 성경은 결코 해석이나 이해가 필요한 학문이 아닙니다. 읽기만 하면 만나고 대화할 수 있는 말씀입니다.

그래도 믿기지 않는다면 '삼손의 수수께끼'를 비유로 쉽게 접근해보겠습니다.

지금도 블레셋(팔레스티아)과 이스라엘(유대)이 대척하는 관계에 있습니다만, 삼손이 살던 당시에도 상황은 비슷했습니다.

이야기의 시작은 이렇습니다.

삼손이 딤나의 포도원에 들렀을 때 자신을 향해 잡아먹을 듯 포효하는 사자와 대면하게 됩니다. 그러나 삼손은 당황하지 않고 괴력을 발휘하여 염소 찢듯 찢어 사자를 물리칩니다. 그런데 그렇게 대단한 일을 하고도 부모님과 아내가 될 사람에게는 그런 사실에 대해 함구합니다.

그 당시 블레셋 사람들은 신랑이 신부네 집으로 와서 결혼 잔치를 배설하는 풍습이 있었습니다.

잔칫날에 블레셋 사람들이 청년 30명을 데리고 와서 삼손의 친구가 되게 합니다. 어느 정도 잔치가 무르익을 무렵이었는데, 삼손이 눈엣가시인 블레셋 사람들에게 자신의 속셈을 감춘 수수께끼로 내기를 겁니다.

"삼손이 그들에게 이르되 먹는 자에게서 먹는 것이 나오고 강한 자에게서 단것이 나왔느니라 그들이 삼 일이 되도록 수수께끼를 풀지 못하였더라"(삿 14:14)

'먹는 자에게서 먹는 것이 나오고, 강한 자에게서 단것이 나왔다. 이것이 뭐냐?'라는 것이 수수께끼의 문제입니다.

아주 황당한 문제가 아닐 수 없습니다. 이 문제는 삼손이 딤나의 포도원에서 사자를 죽였고, 며칠 후에 다시 포도원에 올라가 보니 죽은 사자의 몸에 벌들이 채집한 꿀을 발견하게 되어 그것을 취한 이야기입니다.

그러니까 자신이 사자의 몸에서 꿀을 얻은 경험을 배경으로 문제를 낸 것입니다. 자신의 체험일 뿐인 이야기를 문제라고 낸 게 황당하기 이를 데 없습니다. 삼손에게 어떤 일이 있었는지 블레셋 사람들로서는 알 길이 없으므로 수수께끼를 푼다는 것도 사실상 불가능합니다. 세상 법칙에 따른 문제가 아닐뿐더러 인간의 지식과 상식에서 나온 문제는 더더욱 아니기 때문입니다.

말한 대로 사자를 죽인 삼손의 체험은 하나님에 의한 것이었습니다. 그리고 삼손만이 그것을 체험했습니다. 그러므로 삼손과 똑같은 체험을 하지 않고서는 수수께끼를 풀 수 없는 건 당연합니다.

"얼마 후에 삼손이 그 여자를 취하려고 다시 가더니 돌이켜 그 사자의 주검을 본즉 사자의 몸에 벌떼와 꿀이 있는지라 손으로 그 꿀을 취하여 행하며 먹고 그 부모에게 이르러 그들에게 그것을 드려서 먹게 하였으나 그 꿀을 사자의 몸에서 취하였다고는 고하지 아니하였더라"(삿 14:8~9)

수수께끼의 정답은 '꿀과 사자'입니다. 여기에 '무엇이 꿀보다 달겠으며 무엇이 사자보다 강하겠느냐?' 하는 뜻이 담겨 있습니다.

우리를 붙드신 강한 분은 바로 하나님입니다. 성경은 이처럼 알면 쉽고 모르면 어렵습니다.

미운 오리 새끼

하나님의 거룩한 자녀임에도 정체성을 망각하고 살아가는 우리의 모습이 마치 안데르센의 동화에 나오는 '미운 오리 새끼'를 닮았습니다.

미운 오리 새끼가 태어난 곳은 마을 전체가 온통 황금빛으로 출렁이는 밀밭과 초록빛 찬란한 귀리가 초원을 이루는 곳이므로 가축들에게는 더없이 살기 좋은 곳이었습니다.

마을 입구에 수북하게 쌓인 건초더미가 보이고 길을 따라 마을 안으로 들어가면 정중앙에 넓은 호수가 하나 자리해 있는데, 길고 빨간 다리의 홍학이나 황새가 주변을 거니는 모습을 볼 수 있습니다.

그야말로 한가로운 시골 마을에 옹기종기 모여 있는 농가의 어느 헛간에서는 오늘도 어제와 다를 바 없이 오리와 닭이 알을 낳고, 낳은 알을 품는 닭과 오리들이 함께 지내고 있었습니다.

알을 품던 어미 오리 중 한 마리가 가만히 알 하나를 관찰합니다. 다른 알들과 달리 유난히 컸기 때문이죠. 연신 고개를 갸우뚱거려보지만 수수께끼입니다.

이때 드디어 학수고대하던 새끼들이 나오려는지 여기저기서 알들이

꿈틀대더니 마침내 하얀빛이 감도는 투명한 알을 뚫고 새끼 오리가 모습을 드러냅니다. 봄볕이 아주 밝게 빛나는 오후였으므로 알이 부화하기에도 그지없이 안성맞춤이었던 것이지요.

그런데 이게 웬일입니까? 다른 알보다 배는 더 커 보이는 특이한 알에서도 뭔가 움직임이 포착됩니다. 어미 오리는 아마도 뿔닭의 알이 아닐까 의심이 가기도 하였던 것인데, 그 생각이 적중했는지 알을 깨고 나온 새끼의 모습도 여느 새끼 오리들과 사뭇 달랐습니다. 그 특별한 알의 정체를 어미 오리조차 알아차리지 못했던 것이지요.

어미 오리에게 있어 어떤 새끼인들 사랑스럽지 않을 리 없을 테지만 요놈은 그렇지 않습니다, 은근히 못생겼다는 생각을 떨칠 수가 없었던 것입니다.

아니나 다를까, 새끼 오리들마저 자신들과 다르게 생긴 미운 오리를 은근히 무시하기 시작합니다. 못생겼다고 놀려대는가 하면 목을 깨물고 달아나기도 합니다. 괴롭히는 재미가 쏠쏠한 모양인지 날이 갈수록 괴롭힘은 더욱 심해졌고 가엾은 새끼 오리는 종일을 이리저리 쫓기며 보낼 수밖에 없는 운명이 되고 말았습니다. 심지어 모이를 주러 오는 농장 하녀에게까지 발길질을 당하는 통에 마음의 상처는 커져만 갔습니다.

오로지 못생겼다는 이유만으로 따돌림을 당하는 신세가 된 미운 오리 새끼는 급기야 농장을 탈출하기로 마음을 먹습니다. 그리고 어느 날 마침내 울타리를 넘기 위해 높이 날아오릅니다. 그 바람에 덤불 속에 있던 작은 새들이 놀라서 허둥지둥 도망가는 것을 보며 또 생각합니다. "저 새들도 내가 너무 못생겨서 날아가 버리는구나. 나를 알아보지 못하는 아주 먼 곳으로 떠나겠어!"라며 떠날 결심을 굳힙니다.

미운 오리 새끼는 너무나 슬픈 나머지 며칠 밤낮을 먹지도 자지도 않고 날아서 아주 넓고 커다란 습지가 있는 곳에 다다랐습니다. 낯선 곳이어서 겁도 났으나 다시는 돌아가고 싶지도, 갈 수도 없었습니다.

슬픈 마음을 억누를 길 없이 혼자 외롭게 지내던 어느 날, 그의 시선을 끄는 새의 무리가 있었습니다. 기우는 석양의 빛무리를 가르며 창공을 날아가는 새들의 군무에 넋을 빼앗기고 말았습니다.

미운 오리 새끼는 "기다란 목이 우아하기도 하지. 눈부시게 하얗고 보드라운 깃털을 가진 저 새의 이름이 뭘까?" 중얼거리며 혼자 감탄을 쏟아냅니다. 바로 백조의 무리가 따뜻한 나라로 이동하는 광경을 목격하게 되었던 것이지요.

미운 오리 새끼는 아름다운 새들을 보며 자신의 처지를 생각하자 더 큰 자괴감에 빠집니다.

"난 태어날 때부터 무슨 죄가 있다고 이렇게 못생긴 걸까? 이런 나를 누가 기억이나 할까?"

미운 오리 새끼는 고개를 떨군 채 강물에 비친 자신을 바라다보며 한탄합니다. 그런데 이때, 이게 웬일입니까? 물속에는 좀 전에 창공을 날아가던 아름다운 새 한 마리가 그곳에도 있는 게 아니겠어요? 마침내 자신의 정체를 발견하게 된 순간입니다. 강물에 비친 모습은 그동안 구박받던 못생긴 오리는 온데간데없고 아름다운 백조의 모습이 비쳤던 것입니다.

잘못 봤나 싶어서 몇 번이나 들여다봐도 강물 속 백조의 모습은 여전했습니다. 오리와는 비교도 할 수 없이 아름다운 백조의 정체가 자신이라는 것을 발견한 미운 오리 새끼는 백조들 무리에 합류해 행복하게 살아갔다는 이야기입니다.

우리는 동화를 통해 자신의 정체성을 발견한 삶과 그렇지 못한 삶을 비교해봄으로써 정체성을 알아차리는 것이 얼마나 중요한지를 배웁니다.

이와 마찬가지로 우리는 미운 오리 새끼가 아닙니다. 연못에서 물질만 하는 오리가 아니라 드넓은 창공을 활보하며 멋진 삶을 누리도록 선택받은 백조입니다. 각 사람 속에 있는 아름다움과 가치를 발견하고 이를 받아들일 때 하나님이 부여한 소명을 감당해 나갈 수 있습니다.

외모나 사회적 지위와는 상관없이 하나님이 우리를 선택하셨으므로 우리의 존재 가치가 달라졌습니다. 그러므로 우리의 삶도 당연히 존귀함으로 변화해야 맞습니다.

그러하기에 우리의 가치가 달라진 만큼 쓰임을 받는 역할도 달라져야 합니다. 예를 들어, 자신의 정체성을 발견하기 이전의 삶이 화물기였다면, '에어 포스 원(Air Force One)'으로 바뀐 것을 알아차려야 한다는 것입니다.

미국 대통령이 탑승하는 전용기를 에어 포스 원이라고 부르는데, 영화 「에어 포스 원」을 보셨을 것입니다.

대통령이 가족과 수행원들의 수행을 받으며 비행기를 타고 가는 도중에 이 비행기에 대통령을 죽이려는 테러범이 있었습니다. 위급한 상황입니다. 가족들과 수행원들은 이미 테러범들에 의해 장악당한 상태입니다. 다행히 대통령은 이 상황을 파악하고 비행기에서 테러범을 피해 몸을 숨깁니다.

그런데 테러범들이 기내 마이크로 "가족을 살리고 싶으면 나오라." 하며 비행기를 수색합니다. 테러범 한 명과 맞닥뜨려 죽을 뻔하지만 한 명은 제압합니다.

그래도 포위망이 좁혀옵니다. 그러다 그만 비행기에서 떨어지게 됨니다. 낙하산을 펴고 떨어지고 있는데, 지나가던 비행기 화물기에 떨어지게 되었습니다. 화물기 조종사는 쿵 하는 소리를 듣습니다.

무슨 일인가 보았더니 대통령이 비행기에 떨어졌던 것입니다. 안전하게 비행기에 대통령을 태운 화물기 조종사는 관제탑에 교신합니다.

"여기는 가우리 4호 화물기다. 관제탑 나오라, 오버!"

관제탑에서도 교신이 옵니다.

"무슨 일인가? 여기는 가우리 4호기! 지금 대통령이 이 비행기에 탑승하였습니다. 지금부터는 가우리 4호라 하지 않고 에어 포스 원이라고 하겠습니다."

화물기가 대통령 전용기로 그 역할이 전환되는 순간입니다. 이처럼 우리 각자가 물건을 운반하는 화물기였다면 안전과 보안을 위해 설계된 군용기로 그 막중한 역할이 달라졌다는 것을 자각해야 합니다.

이러한 변화에는 커다란 결단과 전환이 필요합니다.

에어 포스 원의 임무 중 하나는 공격과 방어이기 때문에 이전에는 고려하지 않았던 군사적인 교육과 훈련이 필요할 것이며, 이전보다 더 많은 안전 조치와 군사적인 임무를 수행할 수 있는 기술적인 역량도 갖춰야 합니다.

대통령이 탄 에어 포스 원은 항상 전투기 두 대가 엄호합니다. 그와 같이 나를 도우시는 하나님의 임재를 깨닫는 순간, 나의 존재는 화물차도, 화물기도 아닌 에어 포스 원의 자격이 주어지는 것입니다. 사람의 마음속에 하나님이 찾아오시면 평범한 존재에서 비범한 존재로 바뀌게 됩니다.

각 사람이 이를 알아차리고 세상의 영적 싸움에서 당당하게 승리할 수 있어야 합니다. 그래야만 "엄마 왔다, 문 열어라!" 하는 늑대의 목소리도 분간해 낼 수가 있습니다.

교회도 마찬가지로 영적 싸움이 계속되는 세상에서 마귀를 분별하는 영적 눈을 뜰 수 있도록 성도 한 사람 한 사람을 상대로 끊임없이 터치해야 합니다.

우리는 그림 형제가 쓴 동화 「늑대와 일곱 마리 아기 염소」에서 분별력에 대한 교훈을 얻을 수 있습니다.

일곱 마리 어린 염소를 낳아 키우는 엄마 염소의 관심은 늘 어린 염소들을 잘 돌보는 것이었습니다. 엄마 염소의 눈에서 떠난 어린 염소들은 늑대의 먹잇감이 되기에 십상이었기 때문이지요. 일곱 마리 어린 염소와 엄마 염소가 사는 숲속에는 늑대가 늘 주변을 돌며 먹이를 찾아다니고 있다는 것을 너무도 잘 알고 있었으므로 잠시도 어린 염소들에게서 눈을 뗄 수가 없었습니다.

어느 날 먹이를 구하러 나가야 하는 엄마 염소는 아기 염소들에게 문단속을 시킵니다.

"늑대가 와서 엄마 목소리를 내면서 '엄마 왔다, 문 열어라!' 할 때 절대 열어주면 안 된다. 엄마 목소리인 줄 알고 문을 잘못 열었다가는 늑대에게 먹히고 말 테니 엄마 목소리인지 꼭 확인해야 한단다. 늑대의 목소리는 거칠고 검은 발을 가졌으니 기억하고 있다가 살피거라."

엄마 염소가 어린 염소들에게 몇 번이나 당부한 뒤 집을 나섭니다.

얼마 후 어린 염소들만 남은 집에 누군가 문을 두드리며 말합니다.

"엄마 왔다. 문 열어라! 너희 주려고 맛있는 음식을 가져왔단다, 어서 문을 열어다오."

하지만 엄마 염소가 신신당부했듯이 목소리가 거칠다는 것을 알아차린 아기 염소는 당당하게 소리쳤습니다.

"문 안 열 거예요. 우리 엄마 목소리가 아니에요. 엄마 목소리는 부드럽고 상냥하거든요. 그렇게 거친 목소리가 아니에요."

당황한 늑대는 어린 염소들이 말한 대로 꾀를 냅니다. 상점에 가서 분필 가루를 입에 잔뜩 털어 넣고 부드러운 목소리로 바꾼 뒤 다시 어린 염소가 있는 집으로 가서 문을 두드립니다. 아주 부드러운 목소리를 내면서 문을 열라고 재촉합니다.

"문을 열어다오. 엄마 왔어. 시장에서 맛있는 음식을 사 왔으니 **빨리 문을 열어다오.**"

부드럽고 상냥한 목소리에 아기 염소들은 엄마 염소인 줄 알고 반가워하며 문을 열려는 순간이었습니다. 그런데 이게 웬일입니까. 문틈 아래로 쑥 들어와 있는 시커먼 늑대의 발이 보이는 것이었습니다.

"우리 엄마 발은 그렇게 시커멓지 않아요. 우리 엄마가 아니에요."

아기 염소에게 두 번이나 들킨 늑대는 이번에도 포기하지 않고 **빵집**에서 얻어온 하얀 밀가루를 발에 문지른 후 다시 아기 염소들을 찾아갑니다.

결국, 늑대의 꾀에 속은 아기 염소들은 엄마인 줄 착각하고 문을 열어주는 바람에 늑대에게 먹히고 맙니다.

우리가 믿는 자라고 하지만, 적그리스도를 분별하는 능력이 없으면 속을 수밖에 없습니다. 적그리스도가 창궐한 세상에서 이단인지 아닌지 분별해낼 수 있어야 합니다.

교회는 성도들에게 "엄마 왔다. 문 열어라!" 하는 길잡이 역할을 해야 합니다. 늑대가 부르는 소리인지 아니면 진짜 엄마의 목소리인지 알아차리기 위해서는 엄마에 대해서 잘 알고 있어야 합니다.

성도들이 마귀, 사탄을 분별할 수 있도록 각 사람을 세우고 성령 체험을 나누는 실전에 투입해봐야 합니다. 그렇지 않고 여전히 설교만 듣도록 강요하는 훈련만으로 예수이신 신랑을 맞이할 수 있는 게 아닙니다. 훈련만으로 적을 이길 수는 없습니다. 훈련만 하다가 끝날 수는 없습니다.

하나님을 탐구하지도 않고 계획만 세운다고 프로젝트를 완성할 수 있을까요? 성경을 읽지도 않으면서 하나님을 어떻게 알아볼 수 있을까요? 어떻게 마귀를 분별하고 물리칠 수 있을까요?

누구든 교회에 와서 힘들고 외롭고 기쁘고 슬픈 나의 이야기를 토로할 수 있어야 합니다. 서로 위로하고 용기를 북돋워 주고 세상에 나가 당당히 살아갈 수 있도록 교회가 힘을 실어줘야 합니다. 언제든 하나님을 찾아 세상에서 받은 상처를 치유하고 회복할 수 있도록 교회 문을 활짝 열어두어야 합니다. 하나님의 역사하심을 체험하는 공간으로 교회가 존재해야만 합니다.

[찬송가 486장. 이 세상에 근심된 일이 많고]
이 세상에 근심된 일이 많고 참 평안을 몰랐구나 / 내 주 예수 날 오라 부르시니 곧 평안히 쉬리로다 / 주 예수의 구원의 은혜로다 참 기쁘고 즐겁구나 / 그 은혜를 영원히 누리겠네 곧 평안히 쉬리로다

교회에 와서 서로 나눌 이야기의 주제는 "내가 어떻게 하나님을 만났는가?"가 될 것입니다. 그것이 가장 먼저이고 그런 다음 하나님의 방식으로 교회를 이끌어 가시도록 맡겨야 합니다.

성경을 묵상하는 가운데 하나님이 말씀하시도록 마음을 열어두는 것입니다. 하나님이 각 사람에게 '일하실 수 있도록' 말입니다. 그럴 때 교회가 부흥하게 됩니다.

창세기 1장 1절에 나와 있습니다. 모든 세상 만물의 시작이 하나님으로부터 시작되었습니다. 그 어디에도 사람이 시작했다는 구절은 없습니다. 하나님은 어디든 계시며 언제든 일하십니다. 우리는 하나님과 동행하면서 그 안에서 허락하신 복을 누리면 되는 것입니다.

누구나 자신 안에 임재하신 하나님과 영적으로 교통하며 그분을 드러낼 때 변화가 일어납니다. 영적인 교통 없이는 육으로 세상을 살게 됩니다. 영적인 변화는 하나님의 소관이기 때문입니다.

부귀영화를 누린들 영혼의 기쁨이 없는 삶은 무가치한 삶입니다.

'나는 존귀하다. 나는 하나님의 자녀다.'라는 고백이 저절로 나올 때 자존감을 회복하고 내 안에 하나님의 임재를 느끼게 됩니다.

내가 아무리 노력을 해도 1%의 영감을 하나님이 주시지 않으면 소용이 없습니다.

흔히 "천재는 1%의 영감과 99%의 노력으로 이루어진다."라는 말을 인용합니다. 그런데 이 말은 '노력이 중요하다.'라는 것을 강조한 게 아닙니다. 1%의 영감에 핵심이 있습니다. 1%의 영감이 떠오르지 않으면 99%의 노력도 헛수고일 뿐입니다. 1%의 영감이 99%의 노력을 끌어낸 것이기 때문이죠.

그렇다면 1%의 영감은 어디서 오는 걸까요?

99%의 기도에서 얻어지는 것입니다. 그 기도는 하나님을 알고자 하는 99%의 열정에서 비롯됩니다. 1%의 영감은 바로 하나님이 내게 주시는 메시지입니다.

영감의 가치는 우연히 주어지는 게 아닙니다. 기대하는 바가 크다면 99% 열정의 불을 댕길 때 발화하는 것과 같은 이치입니다. 1%의 영감에서 얻어진 99%의 열정이 힘을 발휘할 때 꿈을 이룰 수가 있습니다.

혹자는 1%의 영감을 범접할 수 없는 재능으로 해석합니다. 그런 경우 평범한 사람들에게는 희망이 없다고 생각하기 쉽습니다. 하지만 1%의 영감은 개인이 가진 특성입니다. 하나님은 각 사람을 다르게 지으셨고, 각각 다른 달란트를 부여하셨습니다. 그 자체로써 조화를 이루도록 하신 것이죠.

다만 우리는 모두 아기 염소입니다. 늑대가 아무리 엄마 염소의 목소리를 흉내 내도 엄마인지 알면 속지 않습니다. 그러나 유혹의 손길이 뻗치고 있는 세상 속에 살면서도 하나님을 알지 못한 채 살아가는 한 구별된 삶을 살아갈 수 없습니다.

예수님의 열두 제자 중에 베드로는 예수님을 따라다니며 떡을 떼고 그 많은 기적을 보고도 죽음 앞에서는 예수를 부인한 나약한 존재입니다.

예수님이 십자가에 매달려 돌아가신 후 부활하셔서 제자들에게 나타나셨습니다. 그런데 그 자리에 도마는 없었습니다. 그래서 제자들이 도마에게 예수님이 찾아오신 얘기를 들려주었습니다. 그때의 상황에 대입하여 지금의 우리 처지를 알아차려야 합니다.

'주님을 봤다.'라고 고백할 것인가, 아니면 '얘기를 들은 상황일 뿐인가?'를 구분할 수 있어야겠습니다. 내가 체험하고 기쁨에 겨워 고백하는 것인지, 아니면 목사님 설교에 의지해 들은 상황일 뿐인지가 중요합니다.

하나님을 만나 변화된 사람의 고백은 영적인 힘을 지니게 됩니다.

고백은 듣는 성도들에게 도전이 되기 때문입니다. 이는 곧 전도의 힘입니다.

전도 역시 하나님의 역사하심으로 이루어집니다. 우리는 그저 행위를 할 뿐입니다. 그 행위가 바로 순종입니다.

순종은 내가 만난 하나님을 알리고 깨달은 바대로 기쁨을 누렸으면 다른 사람에게 전하면 되는 것입니다. 그랬을 때 하나님의 나라가 확장되는 것입니다.

어느 날, 같은 교회를 섬기는 형제가 성경을 읽다가 궁금한 것이 있다며 내게 물었습니다.

나는 내가 아는 바를 설명해주었습니다.

그러자 그가 "설교를 잘하시네요."라며 칭찬의 말을 쏟아냈습니다. 아마도 내가 받은 은혜를 나눈 이야기에 감동한 모양입니다. 그렇다고 그가 다른 사람에게 내가 했던 설교를 전할 수 있을까요?

전할 수 없습니다. 하나님의 말씀은 하나님만이 가르칠 수 있으니까요. 각 사람이 하나님께 직접 받아야만 하는 까닭입니다. 따라서 교회에서 열심히 설교만 듣는 성도들 역시 자기 심령 안에 아무것도 남아 있는 게 없으므로 나눌 수 없습니다. 줄 게 없으니 나눌 수 없습니다.

"이스라엘 자손이 여호와의 명령을 따라 행진하였고 여호와의 명령을 따라 진을 쳤으며 구름이 성막 위에 머무는 동안에는 그들이 진영에 머물렀고"(민 9:18)

하나님은 이스라엘 백성에게 말씀을 주시고 그들이 말씀의 백성이 되게 하셨습니다. 특별한 날을 택하여 주신 말씀이 아니라 일상을 살아가면서 늘 생활 속에 스며든 말씀이 삶으로 나타나도록 하셨습니다. 하나님이 그것을 원하셨습니다.

신명기 6장 4절 이하 '쉐마'라고 하는 부분에서는 말씀이 일상에 깊숙하게 들어와 있음을 볼 수 있습니다.

"오늘 내가 네게 명하는 이 말씀을 너는 마음에 새기고 네 자녀에게 부지런히 가르치며 집에 앉았을 때든지 길을 갈 때든지 누워 있을 때든지 일어날 때든지 이 말씀을 강론할 것이며 너는 또 그것을 네 손목에 매어 기호를 삼으며 네 미간에 붙여 표로 삼고 또 네 집 문설주와 바깥 문에 기록할지니라."

하나님은 누워도 앉아도 말씀과 함께할 것을 원하십니다. 전후좌우 언제 어디서나 모든 곳에 하나님의 말씀이 충만하라 말씀하셨습니다.

시편에도 '복 있는 사람'의 특징이 '여호와 하나님의 말씀을 주야로 묵상하는 사람'이라고 하지 않았습니까? 성경 몇 장 읽고 덮어두는 게 아니라 생활 속에서 늘 함께하라는 말씀입니다.

실제 생활 속에서 말씀을 일상화하는 사람은 성경책을 늘 끼고 삽니다. 그런 사람들은 말씀이 달고 오묘하다고 해서 입에 달고 산다고 말합니다. 자나 깨나 머리맡에 성경책을 두거나 밖에서 사람을 만날 때도 성경을 손에서 놓지 않습니다. 성경 속에 보물이 있다는 것을 알기에 더없이 귀해서 아무 곳에나 둘 수 없기 때문입니다.

우리가 귀한 보석을 손가락이나 목에도, 손목 어디에나 걸고 다니려 하지 않습니까? 자랑하고 싶은 마음이 있는 것이죠. 말씀은 보석에 비할 바가 아닙니다. 살아 있는 보석으로 여긴다면 그렇게 자기 곁에 가까이 두고 싶어 하는 것은 당연합니다. 그것이 믿음의 사람이고 그리스도인이라고 말할 수 있을 것입니다.

찬송가 가사처럼 하나님의 말씀이 내 입에 달아야 합니다. 귀에 단 말씀이 아니라 입에 달아야 합니다. 또한, 말씀을 아는 것에서 끝나지 않고 말씀이 삶을 이끌도록 해야 합니다. 그것이 행하는 믿음이니까요.

이스라엘 백성이 하나님의 말씀을 따라서 진(陣)을 치고 행진도 하면서 말씀이 삶을 이끌도록 순종하고 인도받은 것처럼 복음과 삶이 하나가 되어야 합니다. 말씀이 먼저 우리에게 들어오고 행하는 믿음으로 나아갈 때 영과 육이 평안을 얻을 것입니다.

그리스도의 사랑은 상징적인 사랑이 아닙니다. 자기 몸을 희생한 '구체적인 사랑'입니다. 그러므로 강대상에 서서 사랑을 설교하는 관념적 사랑을 회귀하는 목회자들의 모습이 성도들을 변화시킬 수 없습니다.

오늘날 종교를 부적처럼 붙이고 사는 사람들이나 축복을 운운하며 헌금하고, 권위적인 모습으로 하나님을 대변하려는 목회자가 서는 교회는 상징을 찾고 있을 뿐이므로 희망이 없습니다. 그곳에는 예수 그리스도가 아닌 예수 형상의 우상만 존재할 뿐입니다.

예수는 그리스도교 신자가 아니었음은 물론 첨탑이 있는 교회당을 세우지도 않으셨습니다. 신학을 공부하지도 않으셨을 뿐 아니라 헌금을 걷지도 않았습니다. 예배를 중시한 바리새적 종교인들을 꾸짖고 손이 마른 자 즉, 병든 자를 고쳐주시며 '삶의 현장'을 더 중요하게 여기셨음을 보여주셨습니다.

예수께서 삶의 현장에서 일하셨던 것처럼 하나님은 지극히 인간적인 모습으로 우리와 함께 계십니다. 결코, 인간을 벗어난 곳에서 초현실적인 하나님으로 계시지 않으며 가설로 존재하는 분이 아닙니다. 그리스도 예수의 모습 그대로 현존하는 분입니다.

주님은 죄의 사슬에 묶인 우리를 사망에서 건지신 유일한 해방자요, 구세주입니다. 누구보다 가난한 이들, 고통받는 이들과 가까이 계셨습니다. 그러므로 교회, 목회자, 믿는 이들도 그곳에 있어야 하나님과 동행하는 것인 줄을 믿으며, 믿지 않는 이들에게 본이 될 것입니다.

권력과 재산은 우상입니다. 신앙을 위해 예수를 아는 것은 우리의 기쁨이요, 예수 그리스도를 따르고 순종하는 것은 은총입니다.

제자들처럼 나를 따르라고 하신 주님의 말씀을 믿고 대화하며 순종하고 주님을 위해 생명을 바치는 삶이 참 그리스도교입니다. 또한, 그 도(道)를 따르는 사람들이 그리스도인입니다.

예수를 메시아라고, 그리스도라고 굳게 믿었던 그들이 '그리스도의 사람(Christ~one)'이 되어 '그리스도를 따르는 사람들(Christ~ians)'이 되었습니다. 그것이 크리스천입니다.

크리스천이 된다는 것은 도덕적인 선택이나 고결한 생각의 결과가 아니라 삶에 새로운 시야와 결정적인 방향을 제시하는 한 사건, 한 사람을 만나는 일입니다. 이웃과 내 형제에게서 눈을 감으면 하나님도 볼 수 없습니다. 신실한 믿음은 현실과 동떨어진 어떤 이상에 존재하지 않습니다.

우리는 인생에서 수없는 선택의 갈림길에 서게 됩니다. 지금 나의 삶은 '나' 중심의 삶인가, '하나님' 중심의 삶인가 알아차리고 결단할 때입니다.

크리스천의 삶은 하나님을 만나기 위해 자기 십자가를 지고 인생의 험난하고 가파른 산을 향해 오르기를 중지하지 않는 것입니다.

예수가 공생애 3년 동안 가르친 것은 하나님 나라입니다. 하나님 나라에 대해 어렵게 신학적인 용어를 사용하며 말씀하지 않으셨습니다. 수정처럼 맑은 은유와 도발적인 단순한 이야기를 비유로 그 나라의 비밀을 풀어주셨습니다. 때로는 그 이야기 속에 날카로운 진리가 보석처럼 박혀 있어서 영혼을 깨우기도 하였고, 송곳이 강철을 뚫고 들어가듯이 폐부를 찌르기도 하였을 것입니다.

주님은 신학이나 의학을 공부한 일도 없으나 진리를 가르치셨고 병자를 치료하셨습니다. 그가 배운 것이 있다면 아버지 요셉으로부터 목공 기술을 배운 것이 전부였으리라 짐작합니다. 이것이 예수님이 배운 유일한 학문이요, 기술이요, 직업이었습니다.

"이 사람이 마리아의 아들 목수가 아니냐 야고보와 요셉과 유다와 시몬의 형제가 아니냐 그 누이들이 우리와 함께 여기 있지 아니하냐 하고 예수를 배척한지라 예수께서 그들에게 이르시되 선지자가 자기 고향과 자기 친척과 자기 집 외에서는 존경받지 못함이 없느니라 하시며"(막 6:3~4)

예수님은 목수의 가정에서 태어나셨기 때문에 목수가 된 것이 아니라 하나님께서 예수님을 이 세상에 목수로 보내신 것입니다.

"그 위는 에노스요 그 위는 셋이요 그 위는 아담이요 그 위는 하나님이시니라"(눅 3:38)

성경은 예수님의 족보에 사람 이상의 높은 존재로 기록하고 있으나 힘 있고 권력 있는 사람으로 오시지도, 군림하시지도 않았습니다. 그러함에도 그런 자리에 있는 이들에게 두려운 존재였습니다. 그러한 주님을 알기도 전에 습관적으로 목회자의 설교에 매달려 종교 생활을 지속해 기복신앙에 기댄 삶을 반복한다면 최후에는 만시지탄(晩時之歎)만 쏟아낼 뿐입니다.

[찬송가 461장. 십자가를 질 수 있나]
십자가를 질 수 있나 주가 물어보실 때 죽기까지 따르오리 성도 대답하였다 / 우리의 심령 주의 것이니 주님의 형상 만드소서 / 주인도 따라 살아갈 동안 사랑과 충성 늘 바치오리다

빗나간 화살

빗나간 화살은 땅에 떨어져 버려집니다. 세상에는 이러한 열매 없는 쭉정이만 가득합니다. 교회와 목회자는 사람들을 성서의 하나님께로 인도하지 못하므로 성도들도 믿지 않는 이들에게 본이 되지 못합니다. 이것이 빗나간 화살입니다.

일방통행하는 교회와 목회자로 인해, 믿는 이들에게서 하나님에 관한 질문이 사라졌습니다. 그러므로 인간의 시야에서도 하나님이 보이지 않습니다. 그러니 하나님이 없는 하나님 나라의 백성이 있을 리 만무합니다. 세상은 갈수록 마귀가 장악하므로 악이 만연합니다.

베드로는 믿음 없이 행위와 말만으로 천국에 들어갈 수 없다고 하였습니다. 그는 고통과 기도를 통해 실천하는 본질적인 영성을 외치며, 성직자들이 끊임없이 자신의 직무를 반성하고 무능함을 고백하며 기도로 매달릴 것을 주문하였습니다.

빗나간 화살로 버려진 성도들이 열매를 맺지 못하는 현실에서 교회의 자성과 고백 없이 사회 전체에 삶의 형식으로써 지위를 회복하기란 쉽지 않으리라 여겨집니다.

이미 비대해질 대로 비대해진 교회들은 소수의 고통을 돌보는 데 무너져 있습니다. 오직 그 비대한 덩치를 유지하는 일에만 공을 들이고 있는 모양새고요. 예수도 없고 영성도 없으며, 더구나 내 이웃에 대한 사랑을 논하는 자리도 찾아보기 어렵습니다.

공동선을 위해 일한다고 하면서 권좌에서 군림하는 다수의 목회자가 믿지 않는 이들에게 드러나면서 교회가 비판받는 사례들이 속출하는 현실입니다. 그런데도 양심 성찰을 통해 스스로 물러나겠다는 성직자는 어디에서도 목격한 바가 없습니다.

우리가 십자가 없이 여정을 계속하고, 십자가 없이 교회를 세우고, 십자가 없이 주를 고백한다면 우리는 이미 주님의 제자가 아닙니다.

이 시대의 십자가를 지고 가지 않는 교회는 세속적이며 목사나 장로나 집사나 직분에 상관없이 예수의 제자라 할 수 없습니다.

언제부터인가 가난한 교회, 가난한 사람들을 위한 교회는 이 땅에 존재의 당위성마저 잃고 말았습니다.

결단코 선한 권력이란 있을 수 없습니다.

교회는 순교자들에 의해 역사가 유지되며 존속할 수 있었습니다. 박해를 견디고 예수를 증언하는 일이 목회자들의 사명이었습니다. 시대가 달라졌다고 한다면 가난한 사람들의 고통을 어루만져주고 불의에 대해 발언하고 행동하는 것이 순교가 아닌지요?

목회자는 하나님의 기준을 따르며 어려운 일에 앞장서는 자리입니다. 혼자만 하나님의 부름을 받아서 권력이 생겼고 성도들을 거느리라는 자리가 아닙니다. 위임받은 자리일 뿐입니다. 예수님보다 높지 않은 것은 물론, 세상 어떤 성도들보다 우위에 있을 수도, 있어서도 안 됩니다.

"그러나 너희는 랍비라 칭함을 받지 말라 너희 선생은 하나요 너희

는 다 형제니라"(마 23:8)

그 어떤 직분이라도 인간의 평등함을 세우신 하나님의 기준을 약화해선 안 될 것입니다.

초대교회에서는 공동체 구성원 전체의 투표로 책임자를 뽑았습니다. 예수 사후 100년이 지나서도 교회 조직은 큰 문제가 없었습니다. 누가 교회를 이끄느냐보다 무엇을 믿느냐가 더 중요했기 때문입니다.

그러다가 성직자들의 부패로 교회가 분열되었습니다. 이를 보다 못한 마틴 루터(Martin Luther)는 종교 개혁의 시급성을 간파하고 '오직 성경, 오직 은혜, 오직 예수, 오직 믿음, 오직 하나님께 영광'을 부르짖지 않으면 안 되었습니다. 결코 예배가 우선이 아닌 '내가 바울이 되어야 한다.'라는 사명이 그를 일어서게 했던 것이죠.

그러함에도 하나님은 빗나간 화살이 과녁을 향해 다시 날아오길 기다리고 계십니다. 누가복음 15장의 어떤 부자 노인처럼 다시 집으로 돌아온 아들을 극진하게 맞이하며 기뻐하는 하나님이십니다.

부모와 자식이 사랑이라는 본연의 관계로 묶여 있듯 하나님과 우리의 관계도 마찬가지입니다. 하나님은 우리와 사랑의 관계를 원하셨기에 구원의 화살을 준비하신 것입니다.

"젊은 자의 자식은 장사의 수중의 화살 같으니 이것이 그 전통에 가득한 자는 복되도다"(시 127:4~5)

화살은 전쟁할 때 상대를 죽이기 위한 무기입니다.

전쟁과 같은 사랑싸움에서 사랑의 화살을 쏘아 상대를 맞춰야 사랑을 쟁취할 수 있습니다. 이때 화살만 있어도, 활만 있어도 쓸모가 없습니다. 그런데 말씀에서는 화살이 많은 쪽이 유리하므로 '복되다'라고 합니다.

구원의 화살은 하나님이 우리를 향해 쏘는 것입니다. 그러므로 우리가 구원받거나 안 받거나의 여부는 하나님께 달렸습니다. 우리를 위한 하나님의 전쟁에서 하나님은 구원의 화살을 우리에게 주신다고 말씀합니다.

"또 여호와의 구원하심이 칼과 창에 있지 아니함을 이 무리에게 알게 하리라 전쟁은 여호와께 속한 것인즉 그가 너희를 우리 손에 넘기시리라"(삼상 17:47)

전쟁에서 칼이나 창보다 하나님의 화살이 더 필요합니다. 그 이유가 하나님께 속한 하나님의 전쟁이기 때문이죠.

그런데 하나님이 쏘아야 할 화살을 목회자가 쏩니다. 우리가 빗나간 화살이 될 수밖에 없는 이유입니다. 하나님이 직접 하시는 말씀을 받아들여야 하지만 그렇지 못하기 때문입니다. 그만큼 내가 직접 받는 말씀이 중요한 것이죠. 그러므로 믿음은 나의 행실로 얻어지는 게 아닙니다.

믿음은 피동입니다. 절대 수동일 수 없습니다. 나의 노력만으로 얻어지는 것이 아니라는 얘기입니다. 내가 믿기 때문에 구원을 받는 게 아닌 것과 같은 이치입니다. 따라서 믿음도 그 자체로서 구원의 능력이나 근거가 될 수 없습니다. 믿음은 단지 구원의 선물을 받는 수단이므로 일종의 구원받는 방편인 셈입니다.

흔히 믿음을 만능으로 생각하는 사람들이 인용하는 성경 구절이 이것입니다.

"예수께서 이르시되 할 수 있거든이 무슨 말이냐 믿는 자에게는 능히 하지 못할 일이 없느니라"(막 9:23)

"그들은 믿음으로 나라들을 이기기도 하며 의를 행하기도 하며 약속을 받기도 하며 사자들의 입을 막기도 하며 불의 세력을 멸하기도 하며 칼날을 피하기도 하며"(히 11:33~34)

"믿음의 기도는 병든 자를 구원하리니"(약 5:15)

본문은 모두 하나님의 약속을 믿는다는 것을 전제로 하신 말씀입니다. 그런데 문맥을 무시한 채 내가 힘주어 믿으면 소원성취한다는 식으로 대입시키곤 합니다.

"믿습니까? 믿으시면 아멘 하세요!"라는 식의 판에 박은 듯한 세뇌적인 상투어를 반복하면서 회중을 기만하는 목회자들이 적지 않습니다. 성경에는 그런 식의 믿음을 가르친 적이 없습니다. 믿음은 적극적인 사고도 아니고 인위적으로 제작할 수 있는 것도 아닙니다.

또 내가 믿음이 강하면 구원도 받고, 병도 낫고, 소원하는 일이 성취되는 것이 아닙니다. 우리가 가진 믿음의 역할은 초능력을 일으키는 신비한 에너지로 착각해서는 안 됩니다.

종교 개혁자 칼빈(Jean Calvin)은 『기독교 강요』를 통해 "우리의 믿음은 단순히 피동적이다. 우리에게는 하나님의 호의를 받기 위해 가져갈 수 있는 것이 아무것도 없다. 우리는 자신들에게 결핍된 것을 그리스도로부터 받을 뿐이다."라고 하였습니다.

믿음은 예수를 구원의 선물로 받아들이기 위한 일종의 그릇이라고 할 수 있습니다.

우리는 선물을 받는 입장이므로 피동적일 수밖에 없습니다.

그런데 왜 그렇게 믿음을 강조하는 걸까요?

구원의 주권은 하나님에게 있으나 받아들이는 자가 수락해야 관계가 성립되기 때문입니다. 내가 십자가 구원이 하나님이 마련하신 유일한 구원의 길임을 믿을 때 그 효력이 발생하게 됩니다.

앞서 언급한 연애편지처럼 내 이름으로 온 극히 개인적인 서신을 내가 받지 않으면 사랑이 성립될 수 없습니다. 가슴 뛰는 사랑의 감정이 제대로 전달되려면 원하는 상대가 받아야 합니다.

어떤 선물이든 주고자 하는 상대가 받아야 제대로 전달이 되는 이치와 같습니다. 내가 받아야 내 것이 되는 것처럼 객관적이고 보편적인 십자가 구원이 나를 위한 것이라고 믿고 받았을 때 비로소 구원이 나의 소유로 확정되는 원리입니다.

다만, 유념해야 할 것은 이것입니다. 성경은 믿으라고도 하지만 믿음은 하나님이 주시는 것이라고도 말씀하므로 모순처럼 들린다는 것입니다. 이것 역시 그냥 겉으로 성경을 읽게 되면 양편 다 동등한 타당성과 합리성이 있어서 어느 한쪽만을 취하거나 양편을 조화시키기가 어렵습니다.

믿음도 한편으로는 우리가 믿어야 한다고 말하고 다른 한편으로는 믿음은 하나님이 주시는 선물이라고 말합니다. 이런 경우 의문이 생길 수 있습니다. 하나님이 믿음을 주시지 않았기 때문이라는 변명의 여지가 있을 수 있다는 점입니다. 그러나 믿지 않는 것은 나의 책임입니다.

"하나님의 말씀을 마땅히 먼저 너희에게 전할 것이로되 너희가 그것을 버리고 영생을 얻기에 합당하지 않은 자로 자처하기로 우리가 이방인에게로 향하노라"(행 13:46)

스스로 복음을 배척하는 행위에 대해 말씀합니다. 유대인들이 믿음을 배척했으므로 이방인 선교로 방향을 돌렸다는 내용입니다. 당연히 그 책임이 유대인들에게 있습니다.

성경은 사람이 믿지 않는 이유를 두 가지 측면에서 말씀합니다. 하나는 복음을 듣고 거부하는 당사자이고, 또 하나는 사탄의 활동이라는 것입니다.

복음은 믿으라고 강요하지 않습니다. 마치 자기 앞으로 배달된 편지를 자신의 의지와 결정으로 안 받겠다며 수취 거절을 할 수 있듯이, 복음 메시지와 예수를 거절할 수 있습니다. 그래서 내가 믿지 않는 것은 나의 결정이며, 그 결과도 나의 책임입니다.

하지만 여기서 그치지 않습니다. 복음을 거절하는 일 뒤에는 하나님의 구원 사역을 방해하는 사탄의 활동이 반드시 있다는 것을 말씀합니다.

"만일 우리의 복음이 가리웠으면 망하는 자들에게 가리어진 것이라 그중에 이 세상의 신이 믿지 아니하는 자들의 마음을 혼미하게 하여 그리스도의 영광의 복음의 광채가 비치지 못하게 함이니 그리스도는 하나님의 형상이니라"(고후 4:3~4)

우리가 하나님을 믿고 안 믿는 것, 구원받고 못 받는 것, 예수를 하나님이 보내신 메시아로 받아들이고 안 받아들이는 일이 우리의 운명을 좌우하는 영적 선택이라는 사실을 알아차려야 합니다.

우리가 사는 세상은 눈에 보이지 않는 영적 실체가 다스리는 곳입니다. 물론 하나님이 세상의 주인이시고 만물을 통제하십니다. 그러나 아직은 하나님의 나라가 완성되지 않았습니다. 하나님을 믿는 성도들은 하나님께 속해 살지만, 예수님이 재림하실 때까지 이 세상은 사탄의 수중에 들어가 있습니다.

"또 아는 것은 우리는 하나님께 속하고 온 세상은 악한 자 안에 처한 것이며"(요1 5:19)

"이후에는 내가 너희와 많이 하지 아니하리니 이 세상의 임금이 오겠음이라 그러나 그는 내게 관계할 것이 없으니 오직 내가 아버지를 사랑하는 것과 아버지께서 명하신 대로 행하는 것을 세상이 알게 하려 함이로라 일어나라 여기를 떠나자 하시니라"(요 14:30~31)

사탄은 예수의 십자가와 부활로 결정적인 패배를 당하고 마지막 심판을 기다리는 중입니다. 그러함에도 아직 임금 노릇을 하며 세상 사람들을 알게 모르게 지배합니다.

불신자들은 복음을 자신의 의지로 배척하지만, 실상은 사탄의 지배 아래 있기에 영적 눈이 닫혀 있습니다. 이들이 복음의 빛이 비치었을 때도 의식적으로 계속 영의 눈을 감은 상태로 있게 된다면 이는 순전히 자기 책임이라는 것입니다.

믿음이 전적으로 하나님의 은혜라고 하는 까닭은 이렇습니다.

내 믿음으로 구원받았다면 은혜라고 할 수 없습니다. 은혜는 내가 스스로 나에게 줄 수 없으니까요. 믿음의 주체는 나 자신이지만 믿음의 근원은 하나님이십니다. 하나님은 창세 전에 그리스도 안에서 흠 없는 한 백성을 택하셨습니다. 그리고 하나님 나라의 자녀들이 되도록 그들을 그리스도의 피로써 구원하기로 예정하셨습니다.

"찬송하리로다 하나님 곧 우리 주 예수 그리스도의 아버지께서 그리스도 안에서 하늘에 속한 모든 신령한 복으로 우리에게 복 주시되 곧 창세 전에 그리스도 안에서 우리를 택하사 우리로 사랑 안에서 그 앞에 거룩하고 흠이 없게 하시려고 그 기쁘신 뜻대로 우리를 예정하사 예수 그리스도로 말미암아 자기의 아들들이 되게 하셨으니 이는 그의 사랑하시는 자 안에서 우리에게 거저 주시는바 그의 은혜의 영광을 찬미하게 하려는 것이라"(엡 1:3~6)

그런데 하나님 나라의 백성이 되려면 우선 복음의 진리를 인식하고 그 필요성을 느껴야 합니다. 이것은 타락한 인간이 스스로 할 수 없습니다.

아담의 후손은 하나님과 적대관계에 있습니다. 그래서 성령께서 복음의 진리를 대항하는 어둡고 완고한 마음을 부드럽게 하여 그리스도와 그의 복음을 받아들이도록 인도해야 하는 것입니다.

에스겔 선지자는 그리스도가 오시는 메시아 시대에 이런 일이 일어날 것이라고 예언하였습니다.

"또 새 영을 너희 속에 두고 새 마음을 너희에게 주되 너희 육신에서 굳은 마음을 제거하고 부드러운 마음을 줄 것이며"(겔 36:26)

성령의 내적 갱신으로 하나님을 대항하는 죄인이 복음을 믿게 됩니다. 이런 의미에서 믿음과 구원 모두 하나님이 주시는 선물이라는 것을 확인할 수 있습니다.

"너희는 그 은혜에 의하여 믿음으로 말미암아 구원을 받았으니 이것은 너희에게서 난 것이 아니요 하나님의 선물이라"(엡 2:8)

그렇더라도 성령께서 우리 마음속에서 활동하시는 사역을 쉽게 설명할 수는 없습니다. 우리는 다만 결과적으로 성령의 내적 갱신을 인지할 수 있을 뿐이죠. 마치 바람이 눈에 보이지 않으나 나뭇가지가 흔들리는 것을 보고 바람이 통과하는 것을 알아차리는 것과 같습니다.

성령의 내적 사역이 일어나면 복음과 하나님을 저항하던 완고한 마음이 부드러워집니다. 그래서 어느 순간 복음이 하나님께서 내게 주시는 구원의 메시지임을 깨닫고 받아들이게 됩니다.

우리가 기억해야 할 것은, 복음의 빛이 비칠 때 의도적으로 눈을 감지 않는 것입니다. 완고하고 원치 않는 마음을 품은 자는 믿지 못합니다. 그러나 열려 있고 원하는 마음은 믿음을 받아들입니다.

하나님이 믿음을 주시는 것은 믿음의 원천이 하나님에게 있기 때문입니다. 히브리서는 예수님을 믿음의 창시자요 완성자라고 했습니다.

"믿음이 없이는 하나님을 기쁘시게 하지 못하나니 하나님께 나아가는 자는 반드시 그가 계신 것과 또한 그가 자기를 찾는 자들에게 상 주시는 이심을 믿어야 할지니라"(히 11:6)

주님이 우리에게 믿음을 주시고 불완전한 믿음도 온전케 하시므로 주만 바라보자고 하였습니다. 만약 우리에게 좋고 강한 믿음이 있다면 그것은 내 속에서 나오는 자생적인 믿음이 아니고 예수님 덕분에 받는 은혜의 선물입니다.

"주께서 그 마음을 열어 바울의 말을 따르게 하신지라"(행 16:14)

예수님은 제자들에게 너희는 나를 누구라 하느냐고 물으셨습니다.

베드로는 즉석에서 망설임 없이 "주는 그리스도시요 살아 계신 하나님의 아들이시니이다"(마 16:16)라고 대답하였습니다.

이런 베드로의 믿음을 예수님이 어떻게 평가하셨습니까? 그의 믿음이 굉장하다고 칭찬하셨습니까? 아닙니다. 그의 믿음은 그의 것이 아니라고 하셨습니다.

"이를 네게 알게 한 이는 혈육이 아니요 하늘에 계신 내 아버지시니라"(마 16:17)

회개하고 믿는 것은 내가 행하는 것이지만 하나님의 구원 활동으로 일어나는 은혜입니다.

예수님은 하나님 나라의 비밀을 종종 비유를 사용하여 가르쳐주셨는데, 믿음의 씨앗에 대해 이렇게 말씀합니다.

"씨를 뿌리는 자가 그 씨를 뿌리러 나가서 뿌릴새 더러는 길가에 떨어지매 새들이 와서 먹어버렸고 더러는 흙이 얇은 돌밭에 떨어지매 흙이 깊지 아니하므로 곧 싹이 나오나 해가 돋은 후에 타서 뿌리가 없으므로 말랐고 더러는 가시떨기 위에 떨어지매 가시가 자라서 기운을 막았고 더러는 좋은 땅에 떨어지매 어떤 것은 백 배, 어떤 것은 육십 배, 어떤 것은 삼십 배의 결실을 하였느니라"(마 13:3~8)

씨를 뿌리는 자는 하나님의 말씀을 전하는 복음 전도사이며, 씨는 복음입니다.

복음의 씨가 길가에 떨어지고 밟히며 공중의 새들이 먹어버리는 것은 복음이 사람들의 마음속에 들어가지 못하고, 유희나 호기심만으로 받아들여져 효과가 없는 경우를 나타냅니다.

또한, 씨가 바위 위에 떨어지고 싹이 나다가 말라버리는 것은 복음이 처음에는 받아들여졌으나 시련과 고난으로 인해 신앙이 시들해져 버리는 경우를 나타냅니다.

마지막으로 씨가 가시떨기에 떨어지고 결실하는 것은 복음이 진심으로 받아들여져 열매 맺는 경우를 나타냅니다.

이 비유는 하나님의 말씀이 사람들의 마음에 어떻게 받아들여지는지를 설명하면서, 복음 전파자가 복음을 전할 때 어려움과 시련이 있을 수 있지만, 진실하게 전하면 결실을 볼 수 있다는 것을 가르쳐줍니다.

교회는 화살을 당기지만 엉뚱한 곳으로 날아갑니다. 목표를 정확하게 정하고 쏘지 않아서 그렇습니다. 주님의 진리 안에서 성경적 교훈에 생각과 마음이 일치하도록 힘쓰지 않으면 한 방향으로 전진할 수 없습니다. 멍에를 같이한 자들과 복음으로 나아가려면 뜻과 행동이 같아야 합니다.

"한 사람으로 말미암아 죄가 세상에 들어오고 죄로 말미암아 사망이 들어왔나니 이와 같이 모든 사람이 죄를 지었으므로 사망이 모든

사람에게 이르렀느니라"(롬 5:12)

성경은 우리에게 속한 죄가 심판을 위한 것이 아닌, 구원을 위한 것임을 말해줍니다. 구약에서 본다면 죄를 대속하기 위해 짐승의 피로 속죄의 제물을 드렸습니다. 신약에 와서 이를 예수 그리스도의 대속 즉, 십자가에서 흘리신 보혈을 믿음으로써 속죄 구원이 이뤄졌습니다.

"염소와 송아지의 피로 아니하고 오직 자기 피로 영원한 속죄를 이루사 단번에 성소에 들어가셨느니라"(히 9:12)

"하물며 영원하신 성령으로 말미암아 흠 없는 자기를 하나님께 드린 그리스도의 피가 어찌 너희 양심을 죽은 행실에서 깨끗하게 하고 살아계신 하나님을 섬기게 하지 못하겠느냐"(히 9:14)

원죄를 통해 하나님은 피조물인 인간의 정체성을 밝히셨습니다. 그러므로 인간이 죄인이라는 사실을 인정할 때 하나님을 향한 길로 들어서게 되는 것입니다. 그러나 부정한다면 구원의 길을 찾을 수 없습니다. 하나님은 인간을 구원하는 역사를 통해 새로운 존재로 거듭나기를, 거룩한 존재로 태어나기를 바라셨기 때문입니다.

"구원하심이 보좌에 앉으신 우리 하나님과 어린 양에게 있도다"(계 7:10)

이 땅에서의 구원뿐만 아니라 영원한 하나님 나라의 구원도 하나님이 하시는 일입니다.

'예수'라는 이름은 바로 '구원자'라는 뜻입니다. 동시에 '임마누엘의 하나님'은 '우리와 영원히 함께하신다.'라는 약속의 뜻을 나타내신 이름입니다. 임마누엘도 넓게는 구원이라는 뜻으로써 예수의 또 다른 이름입니다.

찬송가의 가사처럼 "주 나시기 전 지으신 구주의 이름 예수."입니다.

예수가 이 땅에 오신 것은 멸망 직전의 인간을 구하기 위해 구원의 화살을 당기신 것이죠.

모든 길이 인천으로 통하듯, 예수로 통하는 믿음이 참진리에 이르는 길입니다. 그렇지 않으면 샛길로 갈 수밖에 없습니다. 빗나간 화살로 땅에 떨어질 수밖에 없습니다. 그러니 어떤 말씀을 받아도 모든 걸 주관하시는 예수가 왕이라는 사실을 알아차려야 합니다.

사람은 서로 도울 뿐입니다. 설득하려 해서도, 이해시키려 해서도 안 됩니다. 은사도 사명도 주시는 주체자는 하나님입니다. 하나님을 만나 깨달음을 입은 자는 바울처럼 될 수밖에 없고, 그래야 신실한 믿음의 사람으로 거듭날 수 있습니다.

이전에 우리가 통제 아래 놓여 있어 자유도 없고 종노릇하였고, 이 세상 초등학문이라는 세상 풍습과 미신의 억압에 있었습니다. 그러다가 때가 차매 하나님의 자녀로 축복을 누리며 살게 되었습니다.

하나님의 자녀로서 존재 가치를 세울 때 은혜의 삶을 살게 됩니다. 이것이 하나님의 자녀 됨이며 원하신바 당신의 자녀답게 사는 길입니다.

"너희가 아들이므로 하나님이 그 아들의 영을 우리 마음 가운데 보내사 아빠 아버지라 부르게 하셨느니라 그러므로 네가 이후로는 종이 아니요 아들이니 아들이면 하나님으로 말미암아 유업을 받을 자니라"(갈 4:6~7)

예수의 '십자가 부활'은 새로운 존재로 거듭난 것을 의미합니다. 강요하고 율법적인 기복에 기대어 성도를 가르치는 교회는 부활 생명이 역사하기 전, 옛사람들이 끊임없이 추구하고 있던 종교에 뿌리를 대고 있는 것이 분명합니다.

새로운 관계는 예수께서 하늘에 오르시고 보혜사 성령을 보내심으로써 이루어지는 것이지, 우리가 손을 내밀고 정성을 보인다고 해서 하나님의 아들이 되는 것이 아닙니다.

하나님과 새로운 관계를 맺은 성도는 오직 부활하신 예수의 공로만 의지할 뿐입니다. 이것이 새로운 생명의 활동입니다.

인간의 생명은 오직 자신을 위해 활동합니다. 자기 세계를 위해 유익과 탐욕을 스스로 구축합니다. 그러한 상태로는 신앙마저도 자신의 유익과 탐욕을 위한 도구로 사용할 뿐입니다.

경기장에서 시합을 벌이는 자가 법 혹은 규칙대로 경기하지 않으면 실격입니다. 그러나 경기하지 않는 관중은 룰을 제대로 몰라도 관람할 수는 있습니다.

'나는 선수인가, 아니면 관중인가?'

이분법에 대입해보면 자신이 지금 어떤 상태인지 알아차릴 수 있습니다.

"너희는 먼저 그의 나라와 의를 구하라 그리하면 이 모든 것을 너희에게 더하시리라"(마 6:33)

그러함에도 교회는 오늘도 성도들을 향해 "예수 만나세요."라고만 외칩니다. 이미 만났다는 걸 알아차릴 수 있도록 해주지는 않고 만나라고만 하는 것은 겉치레와 같은 말입니다. 우리 안에 이미 오셨으므로 때가 찼음을 알 법도 하지만, 안타까운 날들만 지나갑니다.

'때가 찼다.'라는 것은 하나님이 미리 정한 때가 있다는 뜻입니다. 크로노스(Chronos) 때에 카이로스(Kairos)적 '때'가 임하는 것입니다. 이것이 바로 '성탄'의 의미입니다.

헬라어(그리스어)로 '시간'을 의미하는 2개의 단어가 있습니다. 하나는 크로노스입니다. 그리스 철학에서 시간을 의미하는 단어죠. 이름 자체가 시간이란 뜻입니다. 그리스 신화에 나오는 태초의 신(神) 중 하나입니다.

시간은 일반적인 의미로 자연적인 시간, 즉 달력의 시간입니다. 객관적인 시간이며, 모든 사람에게 공평하게 주어진 시간 개념입니다.

또 하나는 카이로스입니다. 그리스 신화 제우스 신의 아들이며 기회의 신이라 불리는데, 의식적이고 주관적인 시간을 말합니다. 즉, 순간의 선택이 인생을 좌우하는 기회의 시간이며 결단의 시간입니다.

예를 들어, 응급환자에게 있어 1시간은 무위도식하는 사람의 1시간과 비교할 수 없을 정도로 소중한 시간일 것입니다. 이는 공평하게 주어진 크로노스에서 특별한 의미를 부여하게 되는 시간을 말합니다.

"복음에는 하나님의 의가 나타나서 믿음으로 믿음에 이르게 하나니 기록된바 오직 의인은 믿음으로 말미암아 살리라 함과 같으니라"(롬 1:17)

이 말씀은 루터의 종교개혁에 열쇠가 된 구절이기도 합니다. 마틴 루터는 로마서를 읽으면서 깨달은 바를 이렇게 적었습니다.

"나에게 가장 큰 장애물은 하나님의 '의'였다. 그때 나는 수도사로서는 흠잡을 데 없었지만, 하나님 앞에서는 여전히 마음이 괴로운 죄인이었기에 도무지 나의 공로로는 그분을 누그러뜨릴 자신이 없었다. 그러던 어느 날, 나는 '하나님의 의와 의인은 믿음으로 말미암아 살리라.'라는 말 사이에 관련이 있다는 것을 깨달았다. 그때 나는 하나님의 의란, 하나님께서 은혜와 순수한 자비를 발휘하신 나머지 우리의 믿음을 보시고 우리를 죄가 없는 것으로 취급하시는 그 의라는 것을 터득했다. 그 순간 나는 새로 태어나서 활짝 열린 문을 통해 낙원에 이른 기분이었다!"

'하나님의 의'라는 것은 사람의 의, 율법의 의가 아닌 하나님의 구원에서 나타난 의를 말합니다. 누구도 율법적 행위나 도덕적 행위와 같은 인간의 행위로는 구원을 얻지 못합니다. 복음이 가르치는 바는 인간의 행위가 아니라 십자가에서 나타난 그리스도의 사랑과 희생의 행위로 얻어진 의로 말미암아 구원을 얻는다는 것입니다.

"보라 그의 마음은 교만하며 그 속에서 정직하지 못하나 의인은 그의 믿음으로 말미암아 살리라"(합 2:4)

"믿는 것은 영접하는 것"(요 1:12)

예수를 나의 구주로 영접하고 그리스도만을 신뢰해야 구원을 얻게 된다고 하였습니다. 지금까지 내 마음대로 인생을 살았다면 자기의 중심에서 벗어나 예수 중심의 삶으로 옮겨가야 합니다.

믿음이 있어야 하나님을 기쁘시게 한다고 하였습니다. 착하고 믿음 없는 사람이 되기보다 차라리 야곱처럼 덜 착해도 믿음 있는 사람이 되라고 한 것은 믿음 없이 하나님께 나아갈 수 없고 사람의 어떤 노력으로도 하나님 앞에 의로 인정될 수 없는 까닭입니다.

"선을 행하고 죄를 범치 아니하는 의인은 세상에 아주 없느니라"(전 7:20)

하나님 앞에서 의롭다고 여길 만한 피조물은 없습니다. 스스로 의로워져 구원받으려고 하는 이들을 가리켜 "하나님의 의를 모르고 자기 의를 세우려고 힘써 하나님의 의를 복종치 아니하였느니라"(롬 10:3)라고 지적하셨습니다.

믿음은 예수 그리스도를 믿는 것뿐입니다. 자신의 공로나 선행이나 지식에 기댈 수 있는 것이 아닙니다. 예수를 통하지 않고 우리가 다른 어떤 방법으로 구원받을 수 있는 길은 처음부터 없었습니다.

하나님은 천하에 구원을 얻을 만한 다른 이름을 우리에게 주신 일이 없습니다. 구원의 절대조건은 오직 예수 그리스도를 믿는 믿음뿐입니다.

사전적인 정의로 '믿음'이란, 어떤 사물에 대한 신념과 어떤 사람에 대한 신뢰'를 가리킵니다.

신학에서는 인간이 절대자를 이해하는 것을 나타내는 표현으로 '계시에 응답하는 것'으로 설명합니다. 즉 신뢰하는 것, 확신하는 것, 맡기는 것입니다. 그분을 내게 굴복시키는 것이 아니라 내가 그분께 굴복하는 것이 믿음입니다.

"어느 때나 하나님을 본 사람이 없으되 만일 우리가 서로 사랑하면 하나님이 우리 안에 거하시고 그의 사랑이 우리 안에 온전히 이루어지느니라"(요1 4:12)

오직 그리스도를 믿는 믿음 안에 길이 있고, 답이 있습니다. 오직 예수 그리스도만이 우리의 구세주이며 인류가 구원을 얻는 방법입니다. 행함이 아니라 오직 예수 그리스도를 믿음으로써 가능한 것입니다. 우리의 행위나 노력이 아닌 전적인 하나님의 의로 부여해주신 특권이기에 그렇습니다.

[찬송가 144장. 예수 나를 위하여]

예수 나를 위하여 십자가를 질 때 세상 죄를 지시고 고초당하셨네 / 십자가를 지심은 무슨 죄가 있나 저 무지한 사람들 메시아 죽였네 / 피와 같이 붉은 죄 없는 이가 없네 십자가의 공로로 눈과 같이 되네 / 아름답다 예수여 나의 좋은 친구 예수 공로 아니면 영원 형벌 받네 / 예수님 예수님 나의 죄 위하여 보배 피를 흘리니 죄인 받으소서 (아멘)

터널

지금 가고 있는 길이 동굴 속입니까? 아니면 터널 속입니까? 동굴이나 터널이나 통로라는 점은 비슷합니다. 그러나 종착지는 전혀 다릅니다. 종착지가 다르기에 길을 가는 여정도 다를 수밖에 없습니다.

동굴은 출구를 가늠할 수 없는 불안한 길입니다. 잘못 들어가면 나오지 못할 수도 있습니다. 끝이 보이지 않기 때문에 헤맬 수밖에 없습니다. 어떤 방향인지 모르고 가는 길이므로 신뢰할 수도 없으니 수고만 더할 뿐입니다. 또 출구가 보이지 않으므로 어둡고 험난한 길이라는 것은 자명합니다.

동굴과 달리 터널은 반드시 출구가 있습니다. 빛이 들어오는 곳을 향해 가면 되기 때문에 불안하지 않습니다. 언젠가는 밖으로 나올 수 있다는 희망이 있는 길입니다.

더구나 높은 산이나 강과 바다를 가로지르는 지름길이므로 쉽고 편하게 갈 수 있습니다. 즉, 신뢰할 수 있는 안정된 길입니다.

분명한 푯대를 세우고 가는 인생길은 동굴이 아닌 터널입니다. 믿는
사람은 분명한 이정표가 있어서 방황하거나 헤매지 않습니다. 출구를
향해 달려가기만 하면 되므로 두렵지 않습니다.

터널을 지나는 사람은 이 세상을 떠날 때도 후손이나 미래 세대에게
'즐겁게 살라.'라고 이야기해 줄 수 있습니다. 이들에게 죽음은 오히려
어둡고 긴 인생 터널을 벗어나 천국에 이르는 통로일 뿐이기 때문이죠.

"믿음은 바라는 것들의 실상이요. 보이지 않는 것들의 증거니"(히
11:1)

바라는 것은 소망입니다. 소망은 믿어질 때 생기는 것입니다. 성도
의 숫자가 많고 적음에 상관이 없습니다. 신실한 믿음의 성도가 있어
야 소망이 있는 교회입니다.

"오직 하나님이 성령으로 이것을 우리에게 보이셨으니 성령은 모든
것 곧 하나님의 깊은 것까지도 통달하시느니라 사람의 일을 사람의 속
에 있는 영 외에 누가 알리요 이와 같이 하나님의 일도 하나님의 영 외
에는 아무도 알지 못하느니라 우리가 세상의 영을 받지 아니하고 오직
하나님으로부터 온 영을 받았으니 이는 우리로 하여금 하나님께서 우
리에게 은혜로 주신 것들을 알게 하려 하심이라 우리가 이것을 말하거
니와 사람의 지혜가 가르친 말로 아니하고 오직 성령께서 가르치신 것

으로 하니 영적인 일은 영적인 것으로 분별하느니라"(고전 2:10~13)

심령에도 동굴과 터널이 있습니다. 자기 생각, 자기주장, 자기 습성, 자아, 편견, 자만 등이 바로 동굴입니다. 내가 중심인 삶입니다. 내 중심을 주님 중심으로 옮길 때 동굴에서 나와 터널로 갈 수 있습니다.

[찬송가 560장. 주의 발자취를 따름이]
주의 발자취를 따름이 어찌 즐거운 일 아닌가 / 맘에 맑은 하늘 열리고 밝은 빛이 비친다 / 발자취를 따라가자 기쁜 마음으로 발자취를 따라가자 찬송하며 즐겁게

첫 사람 아담이 들어간 사망의 동굴에서 빠져나오는 유일한 방법은 오직 예수께로 향하는 길을 찾는 것입니다. 길을 잃은 동굴에서는 두려움과 절망만 있을 뿐입니다. 종국에는 죽음에 이르게 됩니다.

믿음의 사람, 하나님의 자녀에게는 '예수 그리스도'라는 등불이 출구로 안내해 주기 때문에 두려움이 있을 수 없습니다. 죽음마저 예수께 가는 길이므로 평안합니다. 분명한 목적지를 향해 가기 때문에 방황하지 않습니다. 주님과 동행하며 아름답게 삶을 마무리할 수 있습니다.

세상에는 출구 없는 길이 많습니다. 여기저기 암흑의 동굴로 뚫려 있는 길들뿐입니다. 사람들은 동굴에 보물이 있는 줄로 착각합니다. 남의 말만 듣고 너도나도 따라서 들어갑니다.

교회도 그런 사람들을 빼내지 못합니다. 심지어 어떤 교회는 성도들을 데리고 다 같이 동굴로 들어갑니다. 예배 잘 드리고 설교 잘하면 천국의 문이 활짝 열려서 하늘로 불려 올라가는 줄 착각하고 있습니다.

[찬송가 171장. 하나님의 독생자]

하나님의 독생자 예수 날 위하여 오시었네 / 내 모든 죄 사하시려고 십자가 지셨으나 다시 사셨네 / 살아계신 주 나의 참된 소망 두려움이 사라지네 / 사랑의 주 내 갈 길 인도하니 내 모든 삶의 기쁨 늘 충만하네

그러한 교회의 목회자는 '천국에서 만나자.'라고 외치며 성도들에게 희망만 불어넣습니다. 어떻게 하나님을 만나야 하는지, 어떻게 해야 천국을 갈 수 있는지 다 알려주는 성경은 덮어두고 본인 이야기만 합니다. 어두운 길에 등불도 없이 가라고만 떠미는 꼴입니다.

성도를 기만하는 교회는 죄와 사망의 진노 아래 있을 뿐 끝내 출구 없는 동굴에서 헤맬 뿐입니다. 오직 출구는 예수 그리스도뿐이기 때문입니다. 예수만 믿고 가면 되는 길을 빙빙 돌아서 헛된 수고만 보탭니다.

성경에는 "두려워하지 말라."라는 말씀을 여러 곳에서 반복합니다. 직접 세어보지는 않았으나 71개의 구절에 이른다고 합니다.

"여호와의 말씀이 환상 중에 아브람에게 임하여 이르시되 아브람아 두려워하지 말라 나는 네 방패요 너의 지극히 큰 상급이니라"(창 15:1)

"너는 그들을 두려워하지 말라 너희의 하나님 여호와 곧 크고 두려운 하나님이 너희 중에 계심이니라"(신 7:21)

"두려워하지 말라 내가 너와 함께 함이라 놀라지 말라 나는 네 하나님이 됨이라 내가 너를 굳세게 하리라 참으로 너를 도와주리라 참으로 나의 의로운 오른손으로 너를 붙들리라"(사 41:10)

"너희에게는 심지어 머리털까지도 다 세신 바 되었나니 두려워하지 말라 너희는 많은 참새보다 더 귀하니라"(눅 12:7)

"그러나 이 모든 일에 우리를 사랑하시는 이로 말미암아 우리가 넉넉히 이기느니라"(롬 8:37)

"높음이나 깊음이나 다른 어떤 피조물이라도 우리를 우리 주 그리스도 예수 안에 있는 하나님의 사랑에서 끊을 수 없으리라"(롬 8:39)

이 땅의 삶은 길고 긴 터널이지만 성도는 출구 되시는 예수만 따라가면 됩니다. 그러다가 마침내 새 하늘과 새 땅, 천국이 열리는 것을 볼 것입니다. 이 땅에서 선한 싸움 다 싸우고 의의 면류관을 쓸 수 있을 것입니다. 지금은 고난 속에 있을지라도 영광의 미래를 내 것으로 끌어와서 마침내 열매 맺는 소명을 다하는 것입니다.

[찬송가 360장. 행군 나팔 소리에]
행군 나팔 소리에 주의 호령 났으니 십자가의 군기를 높이 들고 나가세 / 선한 싸움 다 싸우고 의의 면류관 의의 면류관 받아 쓰리라 / 선한 싸움 다 싸우고 의의 면류관 예루살렘 성에서 면류관 받으리 / 저 요단강 건너 우리 싸움 마치는 날 의의 면류관 예루살렘 성에서

우리는 죽을 때까지 생존을 위해 싸우며 사는 존재입니다.

갓난아기가 있는 힘을 다해 엄마의 젖을 빱니다. 그러다 동생이 태어나면 엄마의 사랑을 차지하기 위해 싸웁니다. 학생이 되면 공부와 싸우고, 의사나 환자들은 병과 싸우고, 군인들은 적과 싸우고, 기업은 기업대로, 개인과 사회가 치열한 싸움을 하며 살아갑니다.

이런 싸움도 나름대로 다 의미가 있습니다. 서로 경쟁하며 개인과 사회가 발전하기도 하니까요.

그러나 믿음의 사람에겐 선한 싸움만 있을 뿐입니다. 곧 진리를 위

해 싸우는 것입니다. 진리와 사랑과 은혜 가운데 살아가고자 하는 선한 싸움을 지속하지 않으면 이기주의, 무사안일, 세상의 왜곡된 가치관 등의 죄악으로 가득한 욕망을 이겨낼 수 없습니다.

자기 십자가를 지고 주님을 따라 선한 싸움을 지속하는 게 성도의 삶입니다. 싸움에서 승리했을 때 영광의 면류관을 쓰는 완전한 승리자로 서게 되는 것입니다.

"나는 선한 싸움을 싸우고 나의 달려갈 길을 마치고 믿음을 지켰으니"(딤후 4:7)

바울은 선한 싸움을 지속하며 달려갈 길을 마쳐 결국 믿음을 지켰노라고 고백합니다. 적당히 믿음을 지켰다면 하나님 앞에 이런 고백을 할 수 없습니다. 어떤 경우에도 믿음을 팔아먹지 않았다는 당당한 고백입니다. 세상의 어떤 부귀영화나 명예나 권력이나 인기나 물질적 유익이나 육신의 안일함과 믿음을 맞바꾸지 않았다는 것입니다.

우리가 성경을 통해 알듯이 바울은 감옥에 갇혀도, 매를 맞아도, 욕을 먹어도, 심지어는 사람들이 돌로 쳐서 죽이려고 해도 끝까지 믿음을 지켰습니다.

그가 고통과 환란 속에서도 끝까지 믿음을 지킬 수 있었던 비결은 무엇일까요?

믿음이 목숨을 걸 만한 최상의 가치가 있다고 생각했기 때문입니다. 그에게 주님을 위한 선한 싸움 외에 더 가치 있는 것은 없었기에 가능했던 일입니다.

면류관은 왕이나 큰 업적을 남긴 이들에게 주어지는 영화로운 것입니다. 영광과 존귀, 권위와 승리, 상급을 상징합니다.

성경에서는 믿음의 선한 싸움을 잘 싸운 성도들에게 이 면류관을 씌워 줄 것이라고 하였습니다.

영광의 면류관은 하나님 나라에서 누릴 영원한 영광을 의미합니다.

"우리의 시민권은 하늘에 있는지라 거리로부터 구원하는 자 곧 주 예수 그리스도를 기다리노니 그는 만물을 자기에게 복종하게 하실 수 있는 자의 역사로 우리의 낮은 몸을 자기 영광의 몸의 형체와 같이 변하게 하시리라 그러므로 나의 사랑하고 사모하는 형제들, 나의 기쁨이요 면류관인 사랑하는 자들아 이와 같이 주 안에 서라"(빌 3:20~21)

주님이 우리의 구원을 위해 가시 면류관을 쓰셨듯 우리도 선한 싸움을 잘 싸우고 영광의 면류관을 쓸 수 있어야 합니다.

영광의 면류관은 믿음의 선한 싸움을 싸웠을 때 주어집니다. 우리가 이 땅에서 행함이 있는 믿음 생활을 지속해 나갔을 때 주어질 것입니다.

"영혼 없는 몸이 죽은 것 같이 행함이 없는 믿음은 죽은 것이니라"(약 2:26)

행하는 믿음은 주님이 본을 보이셨으므로 그대로 따라만 가면 됩니다.

주님은 구약의 하나님으로 머물러 계시지 않았습니다. 오히려 구약의 모든 것을 거부하시고 몸소 낮은 곳, 이 땅으로 성육신하셨습니다.

"나는 아브라함의 하나님이요 이삭의 하나님이요 야곱의 하나님이로라 하신 말씀을 읽어보지 못하였느냐 하나님은 죽은 자의 하나님이 아니요 산 자의 하나님이시라"(눅 12:26~27)

주님은 친히 인간들 속에 오셔서 우리와 함께하셨습니다. 거추장스러운 종교적인 권위를 십자가에 못 박아버리셨습니다. 인간과 차원이 다른 분이지만 권위 있는 신으로 존재하지 않으셨습니다. 친구처럼, 연인처럼 우리 가까이에 계시길 원하셨기 때문입니다. 우리가 상상하는 것처럼 높고 높은 하늘에만 계신 것이 아니라는 이야기입니다.

"볼지어다 내가 세상 끝날까지 너희와 항상 함께 있으리라"(마 28:20)

자격 없는 우리에게 하나님의 자녀가 되는 권세를 주신 것도 우리와 함께하시기 위함이었습니다.

어느 집이나 부모는 자녀가 태어나면 권세를 주고 귀히 여깁니다.

권세는 사랑으로 세워주는 자격입니다. 그것을 알아차린 자녀는 부모의 고마움을 압니다. 우리도 하나님이 자녀 삼아 주셨기에 우리의 가치가 달라졌고 권세를 얻었습니다.

"그런즉 누구든지 그리스도 안에 있으면 새로운 피조물이라 이전 것은 지나갔으니 보라 새것이 되었도다"(고후 5:17)

하나님의 자녀로 권세를 얻고 지옥에서 천국으로 불려 올려졌으며 인간에서 신의 반열로 신분이 상승한 것입니다. 그러한 믿음이 생겼다면 벅찬 감격으로 나의 나 됨을 말하지 않고는 참을 수 없을 것입니다.

내게 일어난 변화를 말하지 않으면 남들은 알 길이 없습니다. 나의 변화는 하나님의 택하심으로 인함을 증거 할 때 은혜로 채워집니다.

"너희는 믿음 안에 있는가 너희 자신을 시험하고 너희 자신을 확증하라 예수 그리스도께서 너희 안에 계신 줄을 너희가 스스로 알지 못하느냐 그렇지 않으면 너희는 버림받은 자니라"(고후 13:5)

주님은 교회의 회벽돌 안에 머무시는 분이 아닙니다. 그러함에도 교회는 그 안에서 충성하는 성도들을 만드는 데 열중하고 있습니다.

"주의 말씀은 내 발에 등이요 내 길에 빛이니이다"(시 119:105)

하나님의 영이 우리 안에 계신 단순한 사실을 알아차리는 데 가장 방해가 되는 것은 우리의 마음입니다.

마음에는 생각과 감정이 개입합니다. 우리가 단순하게 육체를 가진 인간이라는 사실에 머물러 있게 된다면 종국에는 죽음밖에 알아낼 게 없습니다. 우리가 육체를 가졌다는 사실에 집착하는 순간 더 큰 축복을 누릴 수 없습니다.

육체는 보이는 것에 한정되어 있습니다. 세상에는 보이는 것보다 보이지 않는 것이 더 많고 훨씬 가치 있는 것들이 많습니다. 눈에 보이는 것으로 한계는 긋는 순간 거기에 머물 수밖에 없습니다. 과거와 기억에 얽매이기 때문입니다.

미래는 상상입니다. 우리가 상상하는 모든 것이 미래에 있습니다. 지금은 잡히지 않으나 현실로 끌어당길 수 있는 것이 미래입니다. 인간은 오늘 현재만 살 수 있으나 미래를 끌어올 수 있는 영적 동물입니다.

육체에 머무는 한, 보이는 것에 관심을 두는 한, 행복도 그 범위에 있게 됩니다. 우리가 생각과 인식에 사로잡혀 있는 한, 많은 것들을 놓칠 수밖에 없습니다. 더 많은 것을 누리고 싶다면 육적인 것들 너머의 영적인 내면의 세계를 살펴야 합니다.

내면에는 한계가 없습니다. 경계도 없습니다. 상상하는 대로 생각하는 대로 욕심내는 대로 무한한 세계를 품을 수 있습니다. 생각의 틀을 깨야 합니다. 영적인 눈으로 세상을 볼 때 더 넓은 세계를 볼 수 있습니다.

그러나 나의 이익을 꾀하기 위해 믿는 믿음은 종교적인 행위일 뿐입니다.

믿음의 첫걸음은 손해 보는 마음입니다.

어느 부자가 딸의 결혼식을 준비하며 가축들에게 의견을 물었습니다.

"며칠 후에 결혼 잔치를 치르려면 손님들에게 음식을 대접해야 하는

터널

데 여러분의 생각은 어떻습니까?"

그러자 동물들은 일제히 소리를 질렀습니다.

"대찬성입니다!"

모두가 찬성하자 주인이 거위를 보면서 말했습니다.

"아무래도 잔치에는 거위요리가 좋겠어!"

이 말에 거위의 얼굴이 파랗게 질리며 대답합니다.

"주인님, 저는 주인님에게 큰 알을 낳아주잖아요. 차라리 조그만 알을 낳는 저 암탉을 잡으시지요."

그 말을 들은 암탉은 굉장히 당황한 얼굴로 급히 말을 합니다.

"주인님, 저는 매일 아침 주인님에게 시간을 알려주잖아요. 저보다는 차라리 양을 잡으시지요."

이 말을 들은 양은 그 자리에서 벌떡 일어서며 외쳤습니다.

"주인님, 저는 주인님에게 따뜻한 털을 제공한답니다. 저보다는 차라리 말고기는 어떤가요?"

이 말을 들은 말은 길길이 뛰면서 말합니다.

"주인님, 여행가실 때 누가 주인님을 태워줍니까? 제가 아닙니까? 그러니 저보다는 저 암소가 어떻습니까? 뭐니 뭐니해도 잔치에는 암소고기가 최고이지 않습니까?"

그러자 이번에는 암소가 고함을 버럭 질렀습니다.

"아니, 주인님! 주인님을 위해 나처럼 열심히 농사를 지어주는 동물이 어디 있습니까? 이렇게 열심히 주인님을 위해서 일하는 나를 잡다니요? 말도 안 됩니다."

잔치를 베푸는 것에는 동의했으나 정작 잔칫상에 제물이 되고 싶은 동물이 있을 리 없을 것입니다. 비유에 조금 과장이 있으나 사람도 마찬가지입니다. 나서서 말은 잘하지만 정작 자신이 손해 보는 일에는 물러섭니다.

특히 우리나라처럼 경쟁이 심한 사회에서 자란 경우 더욱 그런 경향이 있습니다. 어려서부터 남을 이기는 법을 배우며 친구도 경쟁 상대로 생각합니다. 남보다 하나라도 더 가지겠다는 욕심으로 대학을 가고 좋은 직장에 가서도 경쟁하며 삽니다.

그러나 성경은 이와 상반된 말씀으로 가르쳐주십니다. 남을 이기는 게 아니라 오히려 지는 법을 가르칩니다. 높아지고자 하는 자는 낮아지고, 낮아지는 자는 높아진다고 말씀합니다. 목숨을 얻는 자는 잃고 잃는 자는 얻는다고 하십니다.

또한, 사나운 자가 땅을 차지하는 것이 아니라 온유한 자가 땅을 기업으로 얻는다고 말씀합니다. 경쟁에 익숙한 우리가 쉽게 받아들이기 어려운 말씀일지도 모르나 이것이 승리하는 하나님 나라의 비결입니다.

실제로 주님은 이 땅에 왕이 아닌 종으로 오셨습니다. 영광대신 고난을 택하셨습니다. 높아짐 대신 낮아지는 길을 택하셨습니다.

그러나 그분은 결국 모든 것을 정복하셨습니다. 죄를 정복하셨고, 악을 이기셨습니다. 겸손으로 영광을 얻으셨고, 죽음으로 사망 권세를 깨트리셨습니다. 한 알의 밀알이 썩어 많은 열매를 맺는 천국의 방정식을 가르쳐주셨고, 우리에게 몸소 보여주셨습니다.

진정 성숙하고, 강하며, 높임을 받을 만한 사람은 남을 위해 손해보고 희생으로 죽어지는 삶입니다. 손해 보려는 마음이 없으면 진정한 그리스도인이 아닙니다. 믿음이 크면 그에 따라 큰 손해도 감당할 수 있고, 믿음이 적으면 작은 손해밖에는 감당하지 못하는 것입니다. 우리에게 믿음이 있는지 없는지는 손해를 보는 것이 있는지 없는지를 보면 알 수 있습니다.

크리스천은 기꺼이 즐거운 마음으로 손해를 보는 사람입니다. 우리가 예수의 제자라면 예수님처럼 손해 보며 사는 것이 정상적인 생활을 하는 것입니다.

손해 보지 않고 어떻게든 이익만 취하려는 이기적인 사람을 좋아하는 사람이 있을까요? 아마도 이기적인 사람을 친구로, 애인으로, 남편과 아내로 삼기를 원하는 사람은 없을 것입니다.

주님은 우리에게 손해를 볼 줄 아는 참다운 용기를 가르치셨습니다. 내 이웃을 위해 희생하며 봉사하는 사람이 진정한 믿음의 사람입니다.

[찬송가 288장. 예수를 나의 구주 삼고]
예수를 나의 구주 삼고 성령과 피로써 거듭나니 / 이 세상에서 내 영혼이 하늘의 영광 누리로다 / 이것이 나의 간증이요 이것이 나의 찬송일세 / 나 사는 동안 끊임없이 구주를 찬송하리로다

믿음의 선지자들을 살펴보면 다 손해 보는 것을 기꺼이 받아들인 사람들이었습니다.

아브라함은 하나님의 말씀에 순종하기 위하여 기득권을 다 포기하였습니다. 본토와 친척과 아비 집을 포기하였습니다. 조카 롯과 목초지 때문에 갈등이 생겼을 때, 그는 조카에게 좋은 땅을 양보하였습니다. 그리하여 기름진 평야는 조카가 차지하고 자기는 척박한 산지에 머물렀습니다. 그가 그렇게 손해를 보았을 때 하나님께서 그를 찾아와 땅의 티끌과 같이 많은 자손과 보이는 모든 땅을 후손에게 약속해 주셨습니다.

"믿음으로 모세는 장성하여 바로의 공주의 아들이라 칭함받기를 거절하고 도리어 하나님의 백성과 함께 고난받기를 잠시 죄악의 낙을 누리는 것보다 더 좋아하고 그리스도를 위하여 받는 수모를 애굽의 모든 보화보다 더 큰 재물로 여겼으니 이는 상 주심을 바라봄이라"(히 11:24~26)

모세는 왕자의 신분을 포기하고 수모받는 삶을 택하였습니다. 누가 봐도 손해 보는 선택인 것 같지만 모세 자신은 하나님의 큰상을 바라보았던 것입니다.

다른 이를 위해 내가 손해 보는 삶은 손해로 끝나지 않습니다. 성경은 이들에게 하늘의 상급이 있다고 확실하게 가르쳐줍니다. 달리 표현하면, 이 땅에서 손해 보는 것이 없다면 하늘나라에 가서 얻을 것도 없다는 이야기가 됩니다.

'예수님처럼 손해 보는 삶을 살자.'라고 결심한다면 아집과 편견의 틀을 깰 수 있습니다. 마음을 고쳐먹으면 행동에 나타나게 됩니다. 애벌레가 고치를 뚫고 나오듯 새로운 세상으로 나오게 됩니다. 이것이 변화입니다.

'줄탁동기(啐啄同機)'는 병아리가 알을 깨고 나오려면 새끼와 어미 닭이 안팎에서 서로 쪼아야 한다는 의미의 고사성어입니다. 서로 합심할 때 일이 잘 이루어진다는 것을 비유한 말입니다.

이처럼 하나님의 영이 내 안에 계신 줄을 알아차려야 성령께서 영의 눈을 밝혀주십니다. 육체의 눈은 현상만 보이지만 영적인 눈을 뜨게 되면 훨씬 넓은 세계를 들여다보게 됩니다.

"예수께서 대답하여 이르시되 기록되었으되 사람이 떡으로만 살 것이 아니요, 하나님의 입으로부터 나오는 모든 말씀으로 살 것이라 하였느니라 하시니"(마 4:4)

"너를 낮추시며 너를 주리게 하시며 또 너도 알지 못하며 네 조상들도 알지 못하던 만나를 네게 먹이신 것은 사람이 떡으로만 사는 것이 아니요 여호와의 입에서 나오는 모든 말씀으로 사는 줄을 네가 알게 하려 하심이니라"(신 8:3)

사람은 밥을 먹어야 삽니다. 영적인 밥은 성경입니다. 밥이 혹은 반찬이 맛이 있고 없고는 사람마다 다릅니다. 싱겁고 짜고 맵고 등등. 먹어본 사람이 그 맛을 표현합니다. 그렇지 않으면 그 사람의 입맛을 아무도 알지 못합니다.

하나님은 영이시므로 인간의 심정 또는 양심을 살피십니다. 즉, 내면을 살피고 계십니다. 선한 의지를 갖는지 저울질하십니다. 이는 하나님의 판단 대상입니다. 영적인 것은 사람에게 있지 않습니다.

그런데 놀랍게도 성경에서는 '양심에 믿음이 담겨 있다.'라고 표현하고 있습니다.

"깨끗한 양심에 믿음의 비밀을 가진 자라야 할지니"(딤전 3:9)

양심(良心)에는 하나님에 관한 인식이 내포되어 있다는 말씀입니다. 이는 누구도 하나님을 부인할 수 없음을 말해줍니다.

"이런 이들은 그 양심이 증거가 되어 그 생각들이 서로 혹은 고발하며 혹은 변명하여 그 마음에 새긴 율법의 행위를 나타내느니라"(롬 2:15)

양심의 사전적 의미는 '선악을 판단하고 선을 명령하며 악을 물리치는 도덕의식'이라고 정의하고 있습니다.

사람마다 양심이 있는데, 성경은 비록 복음을 직접 듣지 못했다 하더라도 자연과 양심에 새겨진 그분에 대한 인식으로 누구든지 심판받게 된다고 말씀합니다.

다만, 자신이 습득한 지식에 따라서 양심의 척도는 다를 수가 있습니다. 나는 옳다고 생각하지만 다른 사람은 그렇지 않을 수 있는 것도 이러한 이유입니다. 궁극적으로 양심은 크게 바뀌지 않기 때문에 올바른 지식과 경험을 통해 바른 양심을 갖출 수 있어야 합니다. 즉 하나님에 관한 지식을 기준으로 삼아야 하는 것이죠.

"그들이 다 하나님의 가르치심을 받으리라 기록되었은즉 아버지께 듣고 배운 사람마다 내게로 오느니라"(요 6:45)

하지만 사람은 인격을 볼 수 없으므로 외형으로 판단합니다. 오늘날의 세상은 변호사가 양심의 기준이 돼 버렸습니다. 무엇이든 분쟁이 생기면 변호사에게 물어봅니다. 맞고 틀리는 기준이 변호사가 하는 말에 달렸습니다.

교회마저 그 기준을 목회자에게 두고 있습니다. 영적인 것은 성령이 기준이고, 성경이 기준인데 망각한 채 성도들이 하나같이 목회자의 입술만 믿고 따릅니다.

"이스라엘아 들으라 우리 하나님 여호와는 오직 유일한 여호와이시니 너는 마음을 다하고 뜻을 다하고 힘을 다하여 네 하나님 여호와를 사랑하라 오늘 내가 네게 명하는 이 말씀을 너는 마음에 새기고 네 자녀에게 부지런히 가르치며 집에 앉았을 때에든지 길을 갈 때에든지 누워 있을 때에든지 일어날 때에든지 이 말씀을 강론할 것이며 너는 또 그것을 네 손목에 매어 기호를 삼으며 네 미간에 붙여 표로 삼고 또 네 집 문설주와 바깥 문에 기록할지니라"(신 6:4~9)

하나님에 관한 참된 지식을 가졌다면 선한 양심을 지녔다고 말할 수 있습니다. 행함이 없는 믿음은 죽은 것이라 말씀하셨으므로 행동으로 나타나기 마련입니다. 하나님에 관한 지식을 쌓을수록 양심과 행함이 바른 믿음의 사람으로 바뀝니다.

계이름

음악을 처음 배울 때 '도레미파솔라시도' 음계부터 외웁니다. 그런데 음계 안에 성서의 핵심 키워드가 숨어 있다는 사실을 알고 계셨나요?

음계의 기원은 이렇습니다.

11세기 무렵 이탈리아 수도사이자 음악이론가인 귀도 다레초(Guido d'Arezzo)가 오늘날의 계이름을 만들었습니다. 당시는 종교 음악이 주를 이뤘던 때입니다. 체계적인 계이름이나 악보가 없던 시절이죠. 그래서 수도사들은 예식에 쓰이는 수많은 성가곡을 매번 외워야 했습니다.

그로 인해 많은 시간이 걸리면서 이를 감당해야 하는 수고가 따랐습니다. 이러한 시간과 노고를 줄이기 위해 만든 것이 음계입니다. 매년 6월 24일이면 부르는 '세례자 요한 탄생 축일의 저녁기도'라는 곡의 첫 글자를 따서 음계를 만들었고, 그 안에 각각의 의미를 심어 놓았습니다.

계이름 도(Do)는 Dominus(하나님), 레(Re)는 Resonance(울림, 하나님의 음성), Mi는 Miracle(하나님의 기적), Fa는 Famille(하나님의 가족, 제자들), Sol은 Solution(구원, 하나님의 사랑), La는 Labii(하나님의 입술), Si는 Sanctus(거룩)를 의미합니다.

그중에 으뜸이 되는 '도미솔'은 '하나님의 기적 같은 사랑'을 뜻합니다. 결과적으로 음계는 '하나님의 위대하심을 찬양하기 위해 만든 것'이죠.

"나는 알파와 오메가요 처음과 마지막이요 시작과 마침이라"(계 22:13)

하나님은 우리를 획일적이며 단세포적인 피조물로 지으시지 않았습니다. 각 사람은 생김새와 재능과 소명을 다르게 부여받은 유일한 인격체입니다. 즉, 고유의 소리를 내는 음표입니다.

각각의 음표는 아름다운 하모니를 이루도록 지음을 받았습니다. 지휘자이신 하나님이 이끄시는 대로 우리는 각자가 자신의 소리를 내면 됩니다. 그러므로 자신의 소리를 찾는 것이 중요합니다. 내 소리가 곧 나의 정체성이기 때문이죠. 내가 누구인지 알아차릴 때 존재감을 얻게 됩니다.

나는 '도 소리를 내는 ○○○다, 나는 미, 나는 파, 나는 파에 샵(#)이 붙은 ○○○다.'라는 식으로 자신의 소리를 알아야 정확한 소리를 낼 수 있습니다. 다시 말해, 내가 만난 하나님에 대해 증거 할 때 '나'라는 '계이름'도 확실해지게 되는 것이죠. 물론, 하나님은 지휘자이시므로 나의 소리를 잘 알고 계십니다.

"내 양은 내 음성을 들으며 나는 그들을 알며 그들은 나를 따르느니라"(요 10:27)

그러니 나는 하나님이 이끄시는 오케스트라에서 조화롭게 하모니를 이루도록 나의 소리를 내면 됩니다.

"온 백성은 기쁘고 즐겁게 노래할지니 주는 민족들을 공평히 심판하시며 땅 위의 나라들을 다스리실 것임이니이다"(시 67:4)

하나님은 찬양받기를 원하십니다. 찬송가를 부르는 것뿐만이 아니라 은혜를 나누는 것 자체가 찬양입니다. 어떤 방법으로든 하나님을 찬양하는 종소리가 이 땅에 울려 퍼지기를 바라십니다.

그러나 세상에는 사랑의 종소리는 들려오지 않고 악다구니만 계속되고 있습니다. 교회마저도 조용합니다. 찬양 대신 자기를 자랑삼는 설교만 계속되고 있습니다. 예수 그리스도는 빼고 십자가만 설명하는 형식에 불과합니다. 십자가의 죽음 없이 부활을 논할 수 없습니다. 알맹이가 빠진 교회들입니다. 내실보다 교세 확장에만 힘을 쓰는 모양새가 본말이 전도된 경우가 허다합니다.

"성령이 너희에게 내리시면, 너희는 능력을 받고, 예루살렘과 온 유대와 사마리아에서, 그리고 마침내 땅끝까지 이르러 내 증인이 될 것이다"(행 1:8)

복음 전파는 땅끝까지, 세상 끝날까지 지속하는 게 우리의 사명입니다. 교회만 열심히 나온다고, 목사님 설교만 열심히 듣는다고 은혜가 충만해지는 것이 아닙니다. 믿음이 자라는 게 아닙니다. 오히려 이런 자기 열심에 빠진 성도가 교회를 성직자 중심주의로 물들게 합니다. 이러한 성도들이 많은 교회일수록 권위의 피라미드를 세워 종국에는 구원과 하나님을 분리시키고 맙니다.

성경은 안 읽고 예배만 부지런히 쫓아다니는 사람들의 특성이 '하나님은 교회에 계신다.'라고 생각하는 것입니다. 그리고는 교회 문밖을 나서면서 '진짜 계신가?' 하며 반문합니다.

교회는 예배드리는 곳이 아니라 생명을 살리는 곳입니다. 빛을 찾아주는 곳이고, 기쁨을 회복하는 곳입니다. 천하 만물 위에 계신 하나님께서 가장 사랑하는 사람이 '나'라는 사실을 알아차리게 돕는 곳이 교회입니다.

목사님의 설교를 듣고 믿음이 생겼다고 말하는 사람은 가짜 믿음입니다. 뒤돌아서면 잊어버리는 말씀은 진짜 영의 양식을 먹은 것이 아닙니다. 목회자가 성도들을 향해 설교하듯이 하나님의 말씀을 내가 내 입술로 고백할 수 있어야 합니다. 그것이 은혜받았다는 징표입니다.

성도들은 교회에서 하나님께 받은 은혜를 맘껏 자랑하고 고백할 수 있어야 합니다. 목사님이 성도들을 향해 설교하듯이 성도들도 강대상에 서서 본인이 받은 하나님의 은혜를 들려주고 경청해야 합니다.

"너희는 다시 무서워하는 종의 영을 받지 아니하였고 양자의 영을 받았으므로 아빠 아버지라 부르짖느니라 성령이 친히 우리 영으로 더불어 우리가 하나님의 자녀인 것을 증거 하시나니 자녀이면 또한 후사곧 하나님의 후사요 그리스도와 함께한 후사니 우리가 그와 함께 영광을 받기 위하여 고난도 함께 받아야 될 것이니라"(롬 8:15~17)

한 사람 한 사람이 하나님의 양자가 되는 권세를 얻었으니 내 입술로 '아빠 아버지'라 부를 수 있어야 합니다.

많은 성도가 오해하고 착각을 게을리하지 않습니다. 성경에서 분명하게 말씀하는 구절은 믿지 않고, 교회에 가야 복음을 전하는 것이고, 목회자의 설교를 들어야 하나님 말씀을 들었다고 믿는 것입니다. 그러면서 오늘도 여전히 목사님 입만 바라봅니다. 설교만 듣고자 합니다.

성경은 한 줄도 읽지 않고 예배만 잘 드리면 복 받는 줄 착각합니다. 다람쥐 쳇바퀴 돌리듯 교회에 가고, 설교 듣고 '하나님을 만났다.'라고 스스로 자위합니다. 그러나 백날을 교회에 다녀도 그곳에 하나님이 계실 리 만무합니다. 하나님이 아닌 목회자를 만날 뿐입니다.

신실한 믿음의 사람에게 교회는 기도하는 곳입니다. 설교를 들으러 가는 게 아니라 영혼의 아버지 집에 가는 것입니다.

교회는 하나님의 집입니다. 아버지 집에는 쉴 곳이 많고 먹을 것이 풍부합니다. 영혼을 배 불리고 기쁨으로 충만한 곳입니다.

아버지 집에서 나는 왕입니다. 손주가 찾아오면 모든 것을 내주는 할아버지처럼 성도가 교회에 가면 왕이 되어야 합니다. 그런데 교회에 가면 목회자가 왕입니다. 성도가 외면받는 교회에서 어찌 믿음이 자라날 수 있겠습니까?

경기장에서 충분히 뛰고 활약을 펼쳐야 하는 것은 선수입니다. 선수가 잘 뛰어야 좋은 성적을 올릴 수 있는 것은 당연합니다.

감독은 감독할 뿐입니다. 좋은 경기를 펼칠 수 있도록 팀원이나 선수를 리빌딩(rebuilding) 해주고 배려하는 게 감독의 역할입니다.

교회의 주인은 성도입니다. 아버지 집에 가서 사랑받고 인정받는 자녀가 되었을 때 존재감을 가질 수 있듯이 말이죠.

오늘날 거꾸로 가고 있는 교회와 목회자를 향해 하나님은 "어찌하여 하나님을 배역하고 혼자 왕 노릇 하는가?" 묻고 계십니다.

성도들도 무엇이 잘못되었는지 깨닫지 못합니다. 하나님이 지금 우리를 향해 무엇을 말씀하시는지 알아차리지도 못한 채 수수방관합니다.

그러다가도 일이 잘되면 하나님의 은혜라 하고 하나님을 높이고 찬양합니다. 그러나 일이 잘 안 풀리면 하나님을 원망하는 악마 판사로 돌변합니다. 각자가 자신의 잣대로 하나님을 서슴없이 재단합니다. 교회가 가짜 크리스천만 양산하고 있습니다.

하나님은 날로 죄악이 만연한 이 땅과 세대들을 대신할 교회와 성도들을 찾고 계십니다. 목마른 사람을 우물가로 인도하는 교회, 하나님이 궁금해서 못 견디게 동기를 부여하는 교회, 하나님을 찾고 발견하는 데 동행하는 교회, 주님을 만난 첫사랑의 기억을 찾아 주는 교회를 애타게 기다리고 계십니다.

첫사랑의 기억은 오래갑니다. 하나님에 관한 첫사랑을 간직한 사람은 잠시 세상에 빠질 수는 있어도, 언젠가는 하나님께로 다시 돌아옵니다.

부모 자식 간에도 마찬가지입니다. 부모의 극진한 사랑을 받아본 자식은 절대 부모를 배신하지 않습니다. 어릴 적의 절대적인 사랑은 어디 가지 않기 때문이죠. 그 사랑의 기억이 거친 인생을 살아내는 힘이 되어 줍니다.

하나님의 사랑을 알아차리면 실족하지 않는 삶을 살아가게 됩니다. 그 기억을 교회가 만들어 줄 수 있어야 합니다. 그랬을 때 자신이 체험한 하나님의 사랑과 은혜를 서로 나누며 세상을 변화시키고 믿음의 사람을 키워내는 역할을 감당하게 되는 것입니다.

성도들은 누에고치에서 나비로, 올챙이에서 개구리로 변화되는 것은 차원 상승과 함께하는 의식의 반응이라는 것을 알아차려야 합니다. 내가 구원받은 존재인지, 아닌지는 오른쪽이냐 왼쪽이냐 하는 방향을 제시하는 데서 비롯되는 문제가 아니기 때문입니다.

우리는 나무를 심은 자, 그 열매의 씨앗을 거두어 땅에 심는 자가 하나님이심을 알아채거나 그렇지 않거나 이분법으로 구별되는 존재입니다. 따라서 하나님 앞으로 나아갈 수 있는 길이자 평화의 순례길을 건너는 방법 역시 알아채거나 그렇지 않거나의 반응은 각자의 몫입니다.

하나님에 대해 가장 잘 가르쳐 주는 것은 성경입니다.

"천국은 마치 밭에 감추인 보화와 같으니 사람이 이를 발견한 후 숨겨 두고 기뻐하며 돌아가서 자기의 소유를 다 팔아 그 밭을 사느니라"(마 13:44)

하나님을 모르면서 하나님에 대해 말할 수 없으며, 천국을 모르면서 천국에 들어갈 수는 없습니다.

보물을 찾으려면 보물이 담긴 금고의 열쇠를 쥐고 계신 하나님을 먼저 알아야 합니다. 보물은 이 땅에도 천국에도 감춰져 있습니다. 보이는 것도 있지만 보이지 않는 것도 있습니다. 보이지 않는 보물이 훨씬 귀하고 좋은 것들이 많습니다. 보이지 않는 보물을 찾으려면 영의 눈을 떠야 합니다.

"나더러 주여주여 하는 자마다 다 천국에 들어갈 것이 아니요 다만 하늘에 계신 내 아버지의 뜻대로 행하는 자라야 들어가리라 그날에 많은 사람이 나더러 이르되 주여주여 우리가 주의 이름으로 선지자

노릇 하며 주의 이름으로 귀신을 쫓아내며 주의 이름으로 많은 권능을 행하지 아니하였나이까 하리니 그 때에 내가 그들에게 밝히 말하되 내가 너희를 도무지 알지 못하니 불법을 행하는 자들아 내게서 떠나가라 하리라"(마 7:21~23)

만약 인간이 하나님의 뜻에 순종하였다면 구원은 필요 없었을 것입니다.

하나님은 거룩하시므로 죄와 함께 거하실 수가 없습니다. 불순종한 인간이 하나님께 나아갈 방법은 오로지 예수를 구주로 믿는 믿음뿐이며, 보물을 찾을 수 있는 열쇠입니다.

예수는 승리한 하나님 나라의 역사이자 상징입니다. 이긴 자에게 씌우는 면류관입니다.

사복음서(四福音書)는 인류 구원의 역사로써 예수의 수난과 십자가 사건을 상세히 기록하고 있습니다.

"그는 우리의 화평이신지라 둘로 하나를 만드사 중간에 막힌 담을 허시고 원수 된 것 곧 의문에 속한 계명의 율법을 자기 육체로 폐하셨으니 이는 이 둘로 자기의 안에서 한 새 사람을 지어 화평하게 하시고 또 십자가로 이 둘을 한 몸으로 하나님과 화목하게 하려 하심이라 원수 된 것을 십자가로 소멸하시고"(엡 2:14~16)

"곧 우리가 원수 되었을 때에 그의 아들의 죽으심으로 말미암아 하나님과 화목하게 되었은즉 화목하게 된 자로서는 더욱 그의 살아나심으로 말미암아 구원을 받을 것이니라"(롬 5:10)

가난한 심령이 은혜만으로 세상을 살아가며, 하나님과 함께하는 삶 자체에 만족하는 기쁨이 크다는 것은 비밀이 아닙니다. 차근차근 문제를 풀다 보면 답이 찾아지듯 성경을 읽어나가다 보면 하나님 나라의 비밀을 알아차릴 수 있습니다.

문제도 풀어보지 않고 답만 외운 사람은 문제를 조금만 바꿔도 풀지 못합니다. 답만 안다고 점수를 잘 받을 수 있는 게 아닙니다. 예배만 잘 드리면 된다는 생각은 시험지도 받기 전에 답안지를 요구하는 것과 같습니다.

양 한 마리

　　　　사람은 결코 이 땅에 혼자 오지 않았습니다. 항상 하나님이 함께하셨습니다. 특히 그리스도인들은 혼자일 수가 없습니다.

"그는 진리의 영이라 세상은 능히 그를 받지 못하나니 이는 그를 보지도 못하고 알지도 못함이라 그러나 너희는 그를 아나니 그는 너희와 함께 거하심이요 또 너희 속에 계시겠음이라 내가 너희를 고아와 같이 버려두지 아니하고 너희에게로 오리라"(요 14:17~18)

예수님의 셈법은 세상의 셈법과 다릅니다. 세상 셈법으로는 아흔아홉 마리의 양 중에서 길 잃은 한 마리를 개의치 않을 수 있습니다. 그러나 주님은 길 잃은 한 마리 양을 찾기 위해 길을 떠나시는 분입니다.

"우리는 다 양 같아서 그릇 행하여 각기 제 길로 갔거늘 여호와께서는 우리 모두의 죄악을 그에게 담당시키셨도다"(사 53:6)

길 잃은 한 마리 양은 하나님을 알지 못하는 양입니다.

하나님은 이 순간에도 길 잃은 한 마리의 어린 양이 돌아오기만을 고대하십니다. 그러므로 교회와 목회자들은 잃어버린 한 마리 양을 찾아 하나님 앞에 세우는 일에 힘써야 합니다.

"너희 생각에는 어떠하냐 만일 어떤 사람이 양 백 마리가 있는데 그중의 하나가 길을 잃었으면 그 아흔아홉 마리를 산에 두고 가서 길 잃은 양을 찾지 않겠느냐 진실로 너희에게 이르노니 만일 찾으면 길을 잃지 아니한 아흔아홉 마리보다 이것을 더 기뻐하리라 이와 같이 이 작은 자 중에 하나라도 잃는 것은 하늘에 계신 너희 아버지의 뜻이 아니니라"(마 18:12~14)

세상은 험하고 감당하기 어려운 죄악으로 얼룩져 있습니다. 목회자는 길 잃은 양을 찾고 돌보는 일이 마땅합니다. 목자이신 예수 그리스도께 길 잃은 양을 찾아 인도해야 합니다.

교회는 길 잃은 양이 언제라도 돌아올 수 있는 안식처가 되어야 합니다. 할아버지 집에서 대장 노릇 하는 손주처럼 교회에 가서 대장 노릇 하는 성도들이 많아야 합니다.

부모 없이 태어난 아이는 없으나, 부모를 선택해서 태어난 것도 아닙니다. 믿음의 사람은 하나님 없이 태어날 수 없습니다. 우리가 육으로만 살지 않고 영적으로 태어난 하나님의 자녀로서 영의 양식인 말씀에 순종하며 살 때 주 안에 거하는 평안을 얻게 되는 것입니다.

성서는 영적인 보물을 담고 있습니다. 그것을 찾고 캐내어 나의 영혼을 채워야 합니다. 내 안에 하나님의 보물이 가득할 때 믿음의 사람으로 변화됩니다. 육이 아닌 영의 눈으로 찾을 수 있는 보물은 하나님이 가르쳐주신 사랑의 언어로 되어 있습니다. 계이름을 알아야 노래를 부를 수 있고, 구구단을 알아야 셈을 할 수 있듯이 하나님을 알아야 영적인 존재로서 자신의 가치를 발견하게 됩니다.

"이는 그들로 하여금 마음에 위안을 받고 사랑 안에서 연합하여 확실한 이해의 모든 풍성함과 하나님의 비밀인 그리스도를 깨닫게 하려 함이라 그 안에는 지혜와 지식의 모든 보화가 감추어져 있느니라 내가 이것을 말

함은 아무도 교묘한 말로 너희를 속이지 못하게 하려 함이니"(골 2:2~4)

성경은 그중에 특별히 여덟 가지 보물을 말씀하시며, 하나님 나라의 복(福)에 대해 힌트를 주셨습니다.

"심령이 가난한 자는 복이 있나니 천국이 저희 것임이요 애통하는 자는 복이 있나니 저희가 위로를 받을 것임이요 온유한 자는 복이 있나니 저희가 땅을 기업으로 받을 것임이요 의에 주리고 목마른 자는 복이 있나니 저희가 배부를 것임이요 긍휼히 여기는 자는 복이 있나니 저희가 긍휼히 여김을 받을 것임이요 마음이 청결한 자는 복이 있나니 저희가 하나님을 볼 것임이요 화평케 하는 자는 복이 있나니 저희가 하나님의 아들이라 일컬음을 받을 것임이요 의를 위하여 핍박을 받은 자는 복이 있나니 천국이 저희 것임이라 나를 인하여 너희를 욕하고 핍박하고 거짓으로 너희를 거스려 모든 악한 말을 할 때는 너희에게 복이 있나니 기뻐하고 즐거워하라 하늘에서 너희의 상이 큼이라"(마 5:3~13)

예수님의 제자로서 살아가는 데 많은 영감을 주는 말씀으로, 예수님의 새로운 율법과 그 본질을 깊이 이해하게 하는 중요한 구절입니다. 가난한 자들, 애통하는 자들, 온유한 자들, 의롭게 배는 자들, 긍휼히 여기는 자들, 마음이 깨끗한 자들, 화합하는 자들, 핍박받는 자들은 다 복을 받을 것이라고 말씀합니다.

이 복들은 세상의 가치와 다르며, 하나님 나라의 기준이 이 땅의 것과 다르다는 것을 알려줍니다. 이 땅에서는 복이 아닌 것처럼 보이지만 하나님 나라에서 복을 받는 기준이 됩니다.

세상에는 세상 것으로 꽉 차 있어서 하나님 나라의 것이 보이지 않습니다. 하나님 나라가 지금 여기에도 존재하나, 세상이 쓰레기로 꽉

차 있어서 진짜 보물을 보지 못할 뿐입니다. 이대로 보지 못한 채 이 땅에서의 삶을 끝낼 수도 있습니다.

하나님 나라는 시간적 이중성을 가지고 존재합니다. 지금도 미래에도 영원히 존재하는 나라입니다.

"하나님의 나라는 너희 안에 있느니라"(눅 17:21)

"하나님의 나라가 이미 너희에게 임하였느니라"(마 12:28)

하나님의 나라는 우리 안에 계신 하나님과 함께 여기 우리와 함께 있는 것입니다. 겨자씨가 점점 미래를 향해 성장하는 것, 완성되는 것, 영원히 존재하는 것과 같이 하나님 나라의 씨앗을 심고 성장시키고 완성해가는 것은 하나님입니다. 사람이 애를 쓴다고 되는 게 아니라 하나님이 열어가는 나라입니다.

하나님 나라를 세상에서 믿고 있습니다. 죄악이 가득 찬 이 땅에서 믿고 있습니다. 그런데 그런 상황 속에서 우리가 예수를 믿게 되었습니다. 성도들이 세상 나라에 사는 동안 추구해야 할 복은 하나님 나라의 백성이 되는 것입니다. 이것이 가장 큰 복입니다.

"예수께서 눈을 들어 제자들을 보시고 이르시되 너희 가난한 자는 복이 있나니 하나님의 나라가 너희 것임이요 주린 자는 복이 있나니 너희가 배부름을 얻을 것임이요 지금 우는 자는 복이 있나니 너희가 웃을 것임이요"(눅 6:20~21)

"생각하건대 현재의 고난은 장차 우리에게 나타날 영광과 비교할 수 없도다"(롬 8:18)

"우리는 우리 자신이 사형선고를 받은 줄 알았으니 이는 우리로 자기를 의지하지 말고 오직 죽은 자를 다시 살리시는 하나님만 의지하게 하심이라"(고후 1:9)

지금의 고난 속에서 오로지 하나님을 의지하며 나아갈 때 장차 다가올 미래를 내 것으로 끌어오게 된다고 하였습니다. 이는 하나님 나라의 복을 알아차리는 믿음으로써 사람으로는 오직 하나님의 능력과 은혜에 의지하는 삶입니다.

천히 쓰이는 그릇이 있고, 귀히 쓰이는 그릇이 있습니다. 반듯한 그릇, 찌그러진 그릇도 있습니다. 토기장이는 하나님이시므로 사용할 그릇을 알아보시며, 당신의 생각을 담을 만한 그릇, 즉 위대한 한 영혼을 깊이 있게 만나길 원하고 계십니다.

하지만 이 땅에는 위대한 영혼을 키워낼 교회가 없는 것 같습니다. 하나님을 도울 만한 교회가 보이지 않습니다. 오늘날의 교회는 머물러야 할 이유보다, 떠나야 할 이유가 더 많고, 예수를 진정으로 믿는 사람이 교회에 남아 있는 것이 더 의아한 모습인 시대가 되었습니다. 예수를 믿는 만큼 교회를 버려야 할 시대가 되었습니다.

성도들은 교회에서 상처받고 입맛대로 짜놓은 구조에 좌절하는 경험이 일상이 되었습니다. 예수를 믿고 따르는 기쁨보다 교회 안에서 받는 슬픔이 더 큰 시대가 되었습니다.

우리는 모두 무엇이 되고 싶습니다. 하지만 그 무엇을 발견하는 사람이 있고 죽을 때까지 발견하지 못하는 사람이 있습니다.

하나님의 영은 우리 안에서 행하실 수 있는 능력이 있으십니다. 마른 뼈들로 가득 찬 계곡에 대한 환시에서 하나님의 영인 바람(숨)은 마른 뼈들 위에 살과 힘줄을 다시 엮어 하나님의 아들과 딸로 존재하도록 하셨습니다.

하나님의 존귀한 자녀로서 그의 영이 내 안에 충만하게 될 때, 노력하지 않아도 필요한 모든 것이 내 눈앞에 나타납니다. 고요한 마음과 충만한 기쁨, 여유와 긍정적인 마음가짐, 온화한 평화가 차오릅니다. 어제 괴롭혔던 집안일들은 흘러가는 구름처럼 풍경의 일부일 뿐이라는 것을 자각하게 될 것입니다.

그동안 우리는 삶의 개인적인 문제 등 혼돈의 세상에 정신이 팔려 수천 년간 진실을 놓쳐왔습니다. 위대한 비밀은 누구나 쉽게 알아차릴 수 있는 것이지만, 영적인 눈을 감고 있으므로 번번이 이를 놓칠 수밖에 없었습니다. 살아오는 동안 잘못된 생각과 믿음을 받아들였고 그 잘못된 생각과 믿음이 우리를 구속하고 있기 때문입니다. 더욱이 이 고통은 자신의 정체성을 오해한 데 기인하고 있습니다.

사람들은 지금보다 나은 내일에 대한 희망을 꿈꾸지만, 우리가 알 수 있는 것은 단지 오늘뿐입니다. 삶에서 힌트를 얻고자 해도 당면한 현실에서 부딪치는 문제들을 수습하다 보면 오늘의 해도 뉘엿뉘엿 지고 다시 내일 내일 하면서 살아갑니다. 하나님을 믿는다고 하는 사람들조차 언젠가는 나의 손을 잡아줄 것이라는 희망만으로 오늘을 살아갈 뿐입니다.

하나님은 분명 우리 안에 임재하심을 알려주셨습니다. 그런데도 우리는 그 사실을 망각하고 살아갑니다. 오늘도 내일도 "하나님을 만나세요." 하며 희망만 말합니다.

내일이 아닌 오늘 내 안에 임재하신 하나님을 자각할 방법이 없을까요?

하나님의 말씀인 성경을 읽고 묵상하는 동안 내 안에 계신 성령을 느낄 수 있을 것입니다. 성령 체험은 사람마다 다를 수 있으나 진심으로 주 예수를 믿고 은혜를 의지하면 누구나 만날 수 있습니다.

복음은 all for one 즉, 하나를 위한 모든 것입니다. 또한, all in

one 즉, 모든 걸 한군데에 담은 것입니다. 성서에 나타내신 하나님의 생각과 뜻과 의지는 오직 하나입니다. 그것이 '우리의 구원'이니까요.

천지 만물을 창조하신 하나님은 우리를 구원하시겠다고 약속하셨고 직접 행하셨습니다. 대가를 치르셨습니다. 우리가 알고 있듯이 예수님의 성육신과 부활 사건이죠.

이처럼 믿음이 생긴다는 것은 다른 말로는 '임한다'라는 것입니다. 나에게 임하는 게 먼저입니다. 그것을 가르쳐 주는 게 믿는 자의 할 일입니다. 결코 목사님만의 일이 아닙니다.

임하는 것은 입으로 고백하는 것, 그것이 증표임을 말해 줄 것입니다. 지금 예수를 믿는 성도들의 삶에 가장 소중하고 사랑하는 것이 내게 임하였음을 알아차려야 하는 이유입니다.

"나는 하나님 안에 거하고 있는가, 아닌가?"

내가 알아차리고 믿음으로 나아갈 때 구원의 길로 향할 것이며, 땅 끝까지 이르러 주님을 증거 하는 증인이 될 것입니다. 그리하여 믿지 않는 자들에게 나의 주 나의 하나님을 증거 하는 진정한 크리스천으로 거듭나는 축복을 누리게 될 것입니다.

[찬송가 94장. 주 예수보다 더 귀한 것은 없네]
주 예수보다 더 귀한 것은 없네 / 이 세상 부귀와 바꿀 수 없네 / 영 죽을 내 대신 돌아가신 그 놀라운 사랑 잊지 못해 / 세상 즐거움 다 버리고 세상 자랑 다 버렸네 / 주 예수보다 더 귀한 것은 없네 예수밖에는 없네

예수밖에 없다고 간증하는 찬양 속에 우리는 예수 외에 다른 것이 내게 없음을 깨달아, 성령의 임재를 알아차리지 못한 이웃을 향하여

땅끝까지 이르러 증인 되기를 바라고 소망할 수 있어야겠습니다.

우리가 죄를 지어서 죄인이 아닙니다. 우리에게는 원죄가 있습니다. 하나님은 하나님의 나라를 만드셨고 사람도 만드셨습니다. 그 아담과 하와가 저지른 죄로 인해 우리는 죄를 가지고 태어납니다. 그러나 하나님은 우리를 사랑하셨고, 우리의 죄를 구원하고자 하셨고, 그 방법은 사랑뿐이었습니다. 사랑하는 아들을 우리에게 보내 예수의 피로 우리를 구원하셨으므로 우리가 예수의 피로 깨끗함을 받았습니다. 그 피를 믿는 자는 구원받은 것입니다.

예수를 만난 사람의 삶은 언제나 풍년입니다. 성령을 받았으므로 이미 내 안에 많은 보물이 풍부하기 때문입니다. 우리는 '이미' 성령 안에 풍년을 보장받았습니다. 이미 내 안에 모든 것을 예비해주셨고, 이미 받은 선물입니다.

반면에, 교회에서 들은 설교로 만족하는 신앙생활이라면 흉년만 얘기할 뿐입니다. 이들은 예수를 믿으면 일 년 열두 달 풍년을 맞이할 수 있다고 설명해도 믿지 않습니다.

"예수께서 나아와 말씀하여 이르시되 하늘과 땅의 모든 권세를 내게 주셨으니 그러므로 너희는 가서 모든 민족을 제자로 삼아 아버지와 아들과 성령의 이름으로 세례를 베풀고 내가 너희에게 분부한 모든 것을 가르쳐 지키게 하라 볼지어다 내가 세상 끝날까지 너희와 항상 함께 있으리라 하시니라"(마 28:18~20)

'모든 능력과 권세가 우리 안에, 내 안에 있습니다.' 전하고 고백하기만 하면 됩니다. 설교도 목회자만 할 수 있는 게 아닙니다. 성경 어디에도 목회자만 교단에 서야 한다고 쓰여 있지 않습니다. 예수 그리스도의 보혈로 하나님과 우리 사이에 놓인 휘장은 이미 찢어져서 걷혔으므로 하나님과 내가 연결되었습니다.

예수 부활은 예수 시대나 지금이나 오직 믿음 안에서만 이해할 수 있습니다. 예수를 믿고 따르기에 부활을 믿는 것이지, 부활을 목격했기 때문에 예수를 믿는 것은 아닙니다. 빈 무덤을 보고 예수를 믿는 것이 아니라 살아 있는 예수를 믿는 것이 부활입니다.

그런데 살아 계신 예수는 과연 어디에 있을까요?

예수님은 지금 가난한 사람들 곁에 있습니다. 가난한 사람을 통해 예수 그리스도를 목격할 수 있어야 합니다. 그러기 위해서는 부패와 갈등으로 혼란한 한국 사회에 개혁의 새바람이 필요합니다. 많은 이들이 불의와 억압, 가난으로 고통을 겪고 있으나 숨구멍이 트일 여지는 좀처럼 보이지 않습니다. 이러한 국면에서도 불의에 저항하고 고통받는 사람들 곁으로 다가가는 예수 정신을 회복하는 교회가 보이지 않아 답답합니다.

잘못된 생각은 잘못된 행동을 낳습니다. 이제 신학은 더는 교회에만 머물러 있어서는 안 됩니다. 예수를 믿는 자들이 행동해야 합니다.

"나무를 보지 말고 숲을 보라."

숲 안에서는 숲이 안 보이는 법. 교회 안에서는 결코 교회의 문제가 보이지 않습니다.

믿을 수 없는 사실 하나는 교회 안에 있던 내가 본 바대로 말한 것이며, 하나님의 음성이 내게 들린 바대로 지금 성토한 '이것'입니다. 이것이 우리 모두의 화두가 되길 기대할 뿐입니다. 그래서 크리스천 대다수가 오늘도 착실하게 믿음을 이어가는 현실에서 무엇을 갈구하며 나아가는 것인지 묻지 않을 수 없습니다.

"그들 안에는 진정 기쁨이 있는가? 말할 수 없는 기쁨이 있는가? 내면에서 샘물 솟듯이 기쁨이 넘쳐흘러서 기꺼이 부르는 찬양인가? 이른 아침 새벽에 어두컴컴한 길을 헤치며 나아와 하나님 성전에서 무릎을 꿇고 기도하는가? 우리 안에 진정한 믿음이 자라나는가?"

[찬송가 338장. 내 주를 가까이 하게 함은]
내 주를 가까이 하게 함은 십자가 짐 같은 고생이나 / 내 일생 소원은 늘 찬송 하면서 주께 더 나가기 원합니다

삶이란 일상생활에서 끊임없이 발생하는 문제들을 해결하기 위해 우리가 이 땅에 온 것이 아닙니다. 우리가 지금까지 간과해 온 본질을 볼 수 있어야 할 것입니다.

육체는 영혼의 집입니다. 집이 허물어지면 다시 짓듯이 영혼은 영원 불멸이어서 새로운 집을 지을 뿐입니다. 우리의 삶은 비극이고 슬픔뿐이라고 생각할 수도 있으나 그것은 삶이라는 원형일 뿐, 우리 개개인에게 일어나는 비극의 문제는 아닙니다.

삶은 우리가 비극과 희극의 차이를 구별하는 순간, 고통은 피할 수 없다고 생각하는 순간 이미 내 안에 들어와 있습니다. 고통이라는 생각에 붙들려 있는 한 내 속에서 빠져나가지 않기 때문입니다. 따라서 육체의 한계에 갇혀 있는 나 자신을 위해 끊임없이 욕구를 충족하려는 한 모래 위에 집을 짓게 될 것입니다.

그러나 영혼을 가진 영적인 자신을 생각하는 사람은 자신의 본성을 깨닫게 되어 바위 위에 집을 짓게 됩니다. 우리의 몸은 우리의 것이 아닙니다. 우리에게 몸을 주신 이의 것입니다. 육체의 부모가 아닙니다. 영이신 하나님이 주신 것입니다. 이러한 나의 정체성을 알아차릴

때 하나님이 주신 축복의 선물을 누릴 수 있습니다. 나 자신이 누구인지를 발견하면 모든 것을 갖게 될 것입니다.

전시회에 가서 두 개의 그림을 동시에 관람할 때 처음 그림을 기억할 확률이 높습니다. 이는 첫 번째 이미지만 분명하게 보이는 이유가 '집중'입니다. 두 번째 이미지를 기억 속에 넣기 위해서는 시선을 부드럽게 풀어주어야 이미지가 보입니다.

우리는 일평생 몸과 마음이 곧 나 자신이라는 하나의 관점으로만 자신을 보아왔습니다. 그러나 진정한 자기 발견은 지금까지의 시선을 옮겨 바라볼 수 있어야 합니다. 즉, 교회에 가서 목사님의 설교에 기대기보다 스스로 '하나님을 독대하고 싶습니다. 당당히 아들의 특권을 누리고 싶습니다. 그렇게 정체성을 찾아서 가치의 주체가 되고 싶습니다.' 하고 외치길 바랍니다.

하나님과 친밀하게 교제한 모세처럼.

예수님도 친구라고 했던 나사로처럼.

우리도 하나님과 친구가 될 수 있으며, 하나님도 우리와 친구가 되길 원하고 계십니다.

우리가 일상생활에서 셈을 하려면 '구구단'을 외워야 하고, 노래를 배우려면 '계이름'을 외워야 하듯이 성경을 읽고 하나님을 직접 만나는 모두가 되기를 바랍니다.

끝으로 나의 기도는 예수 그리스도의 종 바울처럼 모든 사람이 수다쟁이가 되었으면 하는 것입니다.

"내가 어디로 가는지 그 길을 너희가 아느니라 도마가 이르되 주여 주께서 어디로 가는지 우리가 알지 못하거늘 그 길을 어찌 알겠사옵

양 한 마리

나이까 예수께서 이르시되 내가 곧 길이요 진리요 생명이니 나로 말미암지 않고는 아버지께로 올 자가 없느니라"(요 14:4~6)

[주님 뜻대로 살기로 했네]
주님 뜻대로 살기로 했네 주님 뜻대로 살기로 했네 주님 뜻대로 살기로 했네 뒤돌아서지 않겠네 / 이 세상 사람 날 몰라줘도 이 세상 사람 날 몰라줘도 이 세상 사람 날 몰라줘도 뒤돌아서지 않겠네 뒤돌아서지 않겠네

알맹이(거듭남) 없는 가르침. 나는 모래(회중) 위에 집을 짓는가, 반석(말씀) 위에 집을 짓는가(부정함에서 정결하게 됨).

결정권은 나에게 있다. 모래 위에 집을 지을지 반석 위에 집을 지을지.

우리는 비자 만들고 교회를 다닌다. 영주권 없이 영주권을 받으려고?

하나님의 목적은 예배가 아니고 영혼 구원(만남)에 있다.

하나님을 만난 사람들의 이야기가 있는 것이 예배다.

"그 아들 안에서 우리가 속량 곧 죄사함을 얻었도다." (골 1:14)

만민은 죄 앞에서 평등하다!

코흘리개인가, 코를 닦아 주는 사람인가?

복음이란 기뻐서 춤추게 하는 소식!

'예수를 안다.'라는 것은 가르치는 것이 아니라 안내표지판이 되는 것이다!

소경이 눈 뜨는 법(?), 술 끊는 법(?), 믿음의 법(?)

예수 그리스도로 말미암아 성취됨(갈 1:1).

남자답게, 사람답게, 크리스천답게(남을 이롭게)

내가 얘기해야 내 속이 시원하지 않나요?

하나님의 일은 현재진행형(~ing),

모든 사람이 익을(성숙) 때까지 은혜를 분별하지 못함.

하나님 아빠의 음성을 들은 자, 들려주려고 노력한다.

음성이 들려야 사니까(존중이 먼저니까.).

에필로그

　　　　　내가 처음 이 세상이라고 인지한 곳, 가정이라고 인지한 곳이 보육원입니다. 어릴 적에 부모님의 이혼으로 그곳에 맡겨졌습니다. 한창 자랄 때 배를 많이 곯았습니다. 지금도 그때를 생각하면 가슴 한쪽이 아릿해집니다. 아마도 아픈 기억이라 그런 듯합니다.

　저녁에 배가 고파서 식당 앞에 모여 했던 노래가 생각납니다.

"해 떨어졌다 밥 줘라~."

　아이들이 서서 합창합니다. 그러다가 식당 문이 열리면 줄을 서서 안으로 들어가 밥을 먹었습니다. 식판에 퍼주는 밥이나 반찬이 늘 부족해서 숟가락을 놓지 못하고 계속 핥기도 하였습니다.

"점심은 노랑 강냉이죽~."

　'구원받았다.'라는 말은 '나는 먹을 것이 있다.'라는 뜻입니다. 이 말은 달리 표현하면 '배부른 자들이 배고픈 자들을 돌아보라.'라는 뜻입니다.

　하나님의 은혜를 기억하고 찬양하는 것만이 아니라 어려움을 겪었던 시절을 기억하여 그러한 처지에 있는 사람을 도와주는 것이 믿음의 사람입니다.

은혜를 받은 것은 나누기 위함입니다. 하나님의 축복받은 이들이 가장 먼저 하나님께 감사하고, '레위인과 너희 가운데에 거류하는 객과 함께 즐거워하라.' 하신 말씀처럼 내 이웃과 함께하라는 의미입니다. 이것이 개인과 역사의 주인이신 하나님과 동행하는 복된 삶입니다.

우리는 예수 믿는 자격을 은혜로 거저 얻었습니다. 우리를 구원하시기 위해 십자가의 부활 사건을 통해 믿는 자들에게 제자가 될 자격을 주셨습니다.

구약시대에 이스라엘 백성들이 하나님께 나아가기 위해서는 레위인과 제사장을 통해서만 가능하였습니다. 그러나 예수께서 대제사장으로 오셨고, 십자가의 대속물로 자신을 내어주심으로써 인류의 속죄 제사를 드리셨습니다. 그러므로 더 이상 드릴 속죄 제물이 필요가 없게 되었음을 우리가 이미 아는 바대로, 누구나 하나님께 나아갈 수 있어야겠습니다.

또 누구든지 성경을 읽고 성령의 부름을 받아서 그리스도의 진리를 따라가는 삶을 살아야겠습니다. 이것이 누구나 직접 하나님을 만나야 하는 이유입니다.

알파와 오메가이신 주님은 믿음의 창시자요 완성자이십니다. 모든 것이 주님을 향해 회귀하게 되어 있으니 주 예수를 항상 의지하고 순종하는 삶으로 나아갑시다.

이 책을 곤고한 인생길에도 늘 따뜻하게 품어주신 어머니께 바칩니다.

아빠 찾아주기

펴 낸 날 2023년 8월 31일

지 은 이 김경찬
펴 낸 이 이기성
편집팀장 이윤숙
기획편집 윤가영, 이지희, 서해주
표지디자인 윤가영
책임마케팅 강보현, 김성욱
펴 낸 곳 도서출판 생각나눔
출판등록 제 2018-000288호
주   소 경기도 고양시 덕양구 청초로 66, 덕은리버워크 B동 1708, 1709호
전   화 02-325-5100
팩   스 02-325-5101
홈페이지 www. 생각나눔.kr
이 메 일 bookmain@think-book.com

· 책값은 표지 뒷면에 표기되어 있습니다.
  ISBN   979-11-7048-595-7 (03230)